漢字

학부모님들의 뜨거운 사랑, 최고의 학습지로 보답하겠습니다!

기탄학습지를 사랑해 주시는 전국의 유·초등학생, 그리고 학부모님 여러분!

그동안 기탄교육은 대한민국 모든 어린이들이 공평한 교육기회를 누릴 수 있도록, 저렴하면서도 최고의 학습효과를 거둘 수 있는 서점용 학습지를 개발·보급하여 왔습니다. 대표 브랜드 기탄수학을 비롯하여 기탄사고력수학, 기탄국어와 급수한자, 스텐퍼드영단어 등 기탄의 학습지들은 자녀교육에 관심이 높은 학부모님들께 꾸준한 인기를 얻었으며, 그 결과 기탄수학이 3년 연속 주요 일간지 학습지부문 히트상품에 선정되기도 했습니다. 또한 외국 교포, 외국에서 근무하는 외교관이나 상사주재원의 자녀, 이민이나 조기유학을 떠나는 학생들에게 기탄학습지는 꼭 챙겨야 하는 중요품목으로 자리잡게 되었습니다.

기탄교육은 이러한 성원에 힘입어 교재에 대한 다양한 요구를 수렴하고, 교육의 시대적 변화에 능동적으로 대처한 신개념 학습지 기탄한글과 기탄영어를 개발하여 전국의 학부모님들로부터 뜨거운 찬사를 받고 있습니다. 특히 세계 최초로 채택한 4 in 1 시스템 제본은 뛰어난 학습 효과는 물론이고, 고객중심의 사고로 우리나라 교육출판 역사에 한 획을 그은 획기적인 발상으로 평가받고 있습니다.

이번에 새로이 선보인 「기탄한자」 역시 어린이들과 학부모님의 기대에 부응하는 최고의 한자학습지라 자부합니다. 최근 한자능력검정시험에 응시하여 자격증을 따는 초등학생의 숫자가 기하급수적으로 증가하는 등 한자교육의 중요성이 높아지고 있습니다. 특히 어릴 때부터 한자를 익히면 중국어나 일본어를 습득하는데도 큰 도움이 될 뿐만 아니라 국어의 언어능력이 높아지고 학습효과가 증대된다는 많은 연구보고가 있습니다.

'곡식은 농부의 발자국 소리를 듣고 자란다' 는 말처럼 아이들 교육에서도 부모의 관심과 애정이 가장 큰 힘이요, 자양분입니다. 무조건 값비싼 사교육에 우리 아이들을 맡기기보다는 아이들 스스로 공부하는 힘을 길러줄 수 있도록 기초 교육만큼은 부모님께서 직접 챙겨 주십시오.
앞으로도 저희 기탄교육은 항상 연구하고 노력하는 자세로 부모와 자녀가 함께 공부할 수 있는 좋은 교재를 개발하기 위해 모든 노력을 경주하겠습니다.

기탄을 사랑하시는 전국의 모든 학부모님과 어린이 여러분께 진심으로 감사의 말씀을 드립니다.

(주) 기탄교육 임직원 일동

그림으로 익히고 놀이로 기억하는
〈입체 한자 학습프로그램〉

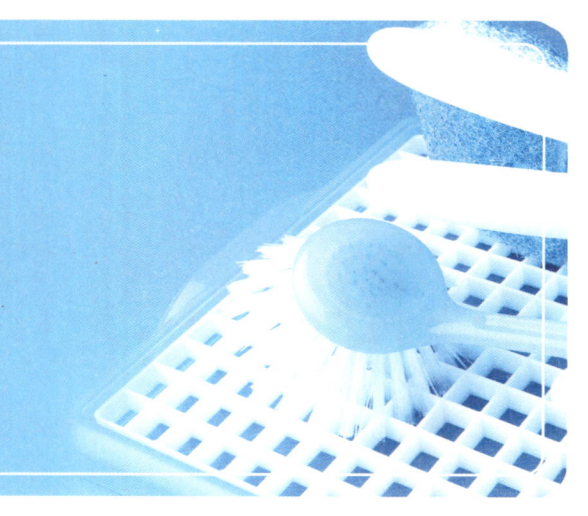

이미지 연상에 의한 그림 한자 학습

한자는 그림에서 출발한 문자입니다. 사물의 모양을 본떠서 점차 상징화된 표의문자(뜻글자)로 발전하여 오늘날 세계에서 가장 많은 수의 인구가 사용하는 문자가 되었습니다. 기탄한자는 아이들에게 한자를 그림의 일부로서 뜻을 기억하게 하고 사물의 모양에서 문자 요소를 각인하도록 하였습니다. 학습지업계 최초로 이미지 연상을 통한 그림 한자를 개발하여 아이들은 한자를 기호가 아닌 그림 덩어리로 받아들여 저절로 기억하게 됩니다.

자원변화 과정의 이해를 통한 원리 이해 학습

기탄한자는 무조건 쓰고 외우는 방식이 아니라 자원변화 과정의 이해를 통한 제자 원리를 이해하도록 합니다. 갑골문 – 금문 – 설문해자의 한자 변천 과정을 아이들의 눈으로 접해 보며 원리 이해에 의한 한자 학습을 진행합니다. 문자학계의 정설을 엄선하여 학문적으로 여러 번의 감수와 고증을 거친 한자 학습의 표본이 될 수 있는 한자 학습프로그램입니다.

학습 효과를 극대화하는 체계적인 학습 전개 방식

한 주의 학습 전개 방식은
복습 ➡ 도입 ➡ 전개 ➡ 활용 ➡ 정리 ➡ 상식 ➡ 놀이
학습의 순서로 전개됩니다.

복습 한 주 학습의 시작은 항상 지난 주에 학습했던 한자의 복습으로 출발합니다.

도입 재미있는 창작 동화를 통해 이번 주에 익힐 한자의 개념을 접하고 스티커 활동을 통해 흥미를 불러일으킵니다.

전개 각각 한자의 뜻과 소리와 모양 그리고 필순, 부수, 한자어 등을 익히게 됩니다.

활용 학습한 한자를 다양한 놀이 방법을 통하여 자연스럽게 좌뇌와 우뇌를 개발하는 이미지 학습법으로 한자 실력을 다져 나갑니다.

정리 앞서 익힌 3요소, 필순, 부수 등 한자의 가장 필수적인 내용을 마무리합니다.

상식 한자와 관련된 상식, 고사, 유래, 일화 등 여러 가지 흥미로운 이야기들을 엄마와 아이가 함께 읽어 나가면서 학습에 진정한 재미를 느낄 수 있습니다.

놀이 오리기, 접기, 만들기, 퍼즐 맞추기, 그림 그리기, 만화 등 아이의 오감을 이용할 수 있는 놀이 활동으로 한 주 학습을 마무리합니다.

아이들은 한자박사로,
엄마는 진정한 선생님으로 만들어 드립니다

아동의 좌우뇌 발달을 돕는 한자 학습

대뇌를 연구하는 학자들에 의하면 6세 이전에는 우뇌가 주로 발달하고 그 이후에는 좌뇌 발달이 이루어진다고 합니다. 우뇌는 이미지, 직관, 예술 등의 기능을 담당하고 좌뇌는 분석적, 논리적, 언어적인 역할을 담당합니다. 기탄한자만의 자랑인 그림 한자, 도트 연결 한자, 숨은 한자, 직관 한자 등 이미지 요소 학습을 통해 직관력과 통찰력을 키워 아이의 우뇌를 자극해 줍니다. 또, 뜻, 소리, 모양 분리하기, 규칙성 알기, 모눈한자 따라가기, 모양 추리하기, 한글·한자병기 학습은 아이의 좌뇌를 개발시켜 줍니다. 10세 미만의 아이라면 바로 기탄한자로 아이의 두뇌개발을 도와 주세요.

하나의 한자를 37회 연습하는 완전학습 프로그램

예를 들어 山(산/뫼 산)이라는 하나의 한자를 기탄한자 프로그램 내에서 총 37회의 학습 기회를 갖게 했습니다. 복습, 도입, 전개, 활용, 응용 등 다양한 학습의 장을 마련하여 아이들은 자신도 모르는 사이에 한자를 접하고 익히게 됩니다. 37회의 학습 기회는 한자를 완전학습으로 이끌어 주는 지름길이 됩니다.

다양한 놀잇감을 통한 입체적 놀이학습

기존의 주입식, 쓰기 일변도의 한자 학습법에서 벗어나 아이들의 오감을 자극하고 아이들이 학습의 주인공이 되는 부교재와 함께 학습합니다. 각 집(권)마다 한자 카드, 스티커는 물론, 한자어 카드와 모형 놀이, 창열기 놀이, 파노라마 놀이, 조각 한자 맞추기 놀이, 병풍 놀이, 브로마이드 등 패키지 학습물 수준의 놀잇감이 아이들의 학습을 재미로 이끌어 줍니다.

독립적인 복습호 운용과 학습 성취도 평가 시스템

4주마다 한 번씩 복습주를 편성하여 앞서 익힌 한자들을 기억하도록 구성하였습니다. 이미 학습한 한자를 시간의 흐름과 함께 잊어버리지 않도록 각 집(권)마다 1호씩 총복습의 기회를 갖게 합니다. 또, 복습호에서는 일정 기간 동안의 학습 성취도를 점검하는 형성평가를 구성하여 올바른 진도 진행을 도왔습니다. 엄마는 집(권)별 형성평가와 각 단계별 총괄평가를 통하여 우리 아이의 학습 상황을 점검하고 적절한 동기유발과 칭찬으로 진정한 엄마 선생님이 될 수 있습니다.

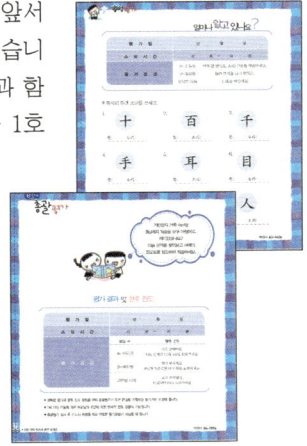

〈형성평가와 총괄평가〉

어렸을 때 배운 한자는 평생을 통해 활용됩니다
한자 학습의 중요성이 날로 높아지고 있습니다

● 한자 학습은 왜 필요할까요?

한자 학습은 이제 선택이 아닌 필수가 되었습니다. 우리의 언어 생활에 반드시 필요한 영역이라는 인식과 함께 한자가 지닌 학문적 전이성, 시대적 필요성 등이 재해석 되고 있기 때문입니다.

첫째, 우리말의 70% 이상이 한자어로 이루어졌기 때문에 기본적인 언어 생활에 도움을 줍니다. 곧 우리말을 바르게 이해하고 올바른 국어 생활을 하기 위해서는 한자를 아는 것이 필수적입니다.

둘째, 국어, 수학, 사회, 역사, 외국어 등 다른 학과 공부에 많은 도움을 줍니다. 예를 들어 수학을 공부할 때 분자(分子), 분모(分母), 분수(分數) 등 한자를 알고 있는 아이라면 수학의 개념도 훨씬 더 쉽고 정확하게 이해할 수 있습니다. 이렇게 한자는 타과목의 도구 교과적인 성격을 갖고 있습니다.

셋째, 어휘력과 이해력의 신장으로 문장 의미 파악이 쉬워져 책을 가까이 하는 아이로 만들어 줍니다. 한자는 조어력(造語力)과 의미 함축성이 매우 뛰어난 문자입니다. 이러한 이유로 전문서적이나 학술 용어 등은 한자로 표현되어 있습니다. 많은 양의 독서 경험은 곧 아이의 생각하는 힘과 창의력을 길러 줍니다.

넷째, 한자나 한문에는 선인들의 지혜와 윤리관이 배어 있어 바람직한 가치관과 예의범절을 배울 수 있습니다. 고전, 명문 속에 담긴 효행, 우애, 경로 등 사상적인 유산을 통해 바람직한 가치관을 가질 수 있고 나아가 사람이 해야 할 도리, 어른을 공경하는 자세, 학문을 배우는 자세 등도 익힐 수 있습니다.

● 한자 학습의 추세는 어떤가요?

한자 사용을 사대주의적 발상, 중국의 문자 차용이라고 보는 종전의 시각에서 벗어나 이제는 우리 언어의 일부라는 인식이 확대되어 초등학생부터 성인까지 한자 학습 열풍이 불고 있습니다.

첫째, 한자능력검정시험의 자격증이 국가 공인 자격증으로 인정됨에 따라 유아~성인에 이르기까지 한자 학습 붐이 일고 있습니다.

둘째, 21세기의 주역으로 한자 문화권이 급부상함에 따라 중국어, 일본어의 기초로서 한자 학습의 열기가 높아지고 있습니다. 한자는 세계인구의 1/4이 사용하고 있는 국제 문자로서 앞으로 그 중요성은 날로 높아질 것입니다.

셋째, 2005년부터 대학 수학 능력 시험 외국어 영역에 한문 과목이 추가되고 중·고등학교의 시험 출제 유형에서 논술 유형 출제 비중이 높아짐에 따라 한자 학습의 조기 교육이 일반화되어 가고 있는 상황입니다.

넷째, 대부분의 초등학교에서 재량시간으로 한자 학습을 시행하고 있습니다. 70년대 이후 한자 교육을 전혀 받지 못했던 부모님들과는 달리 현재 대부분의 초등학생들이 한자를 배우고 있습니다.

다섯째, 각종 공문서, 도로 표지판 등에 한자를 병기하는 국가 정책과 경제계, 교육계 등 각계의 한자 학습 요구에 대한 발표로 한자 학습의 중요성은 더욱 높아지고 있는 상황입니다.

한자 학습은 아이의 두뇌를 개발해 줍니다
한자 학습의 체계! 기탄한자가 잡아 줍니다

● **한자 학습의 효과는 무엇인가요?**

▶ 한자는 그림에서 시작된 문자로서 구체적 이미지 자체가 곧 문자가 되었습니다. 이러한 시각적 이미지를 통한 학습은 곧 아동의 우뇌를 자극해 줍니다.

▶ 한자는 하나의 기초 개념에서 새로운 개념을 창출해 나갑니다. 이러한 과정을 통하여 아동의 창의력, 어휘력을 길러 줍니다.

▶ 한자는 저마다의 뜻, 소리, 모양을 각기 지닌 문자입니다. 이렇게 저마다의 뜻과 소리, 모양을 분석하는 연습을 통해 아동의 좌뇌 발달을 돕습니다.

▶ 한자는 부수와 몸이라는 수많은 부속품들의 조합으로 이루어진 문자입니다. 이러한 부속품들의 분리와 합체 과정을 통해 아이의 좌뇌를 발달하게 하고 논리력, 분석력을 키워 줍니다.

▶ 한자가 갖는 문자학적 특징은 조어력, 의미 함축성, 의미 명시성이 있습니다. 이미 만들어진 한자와 한자를 결합하여 새로운 단어를 만드는 조어력, 의미를 함축적으로 표현할 수 있는 의미 함축성, 의미가 바로 드러나는 의미 명시성이 있습니다.

한자 학습의 연구가 활발히 이루어지는 일본에서는 한자 학습의 시기가 빠를수록 좋다고 합니다. 그것은 우뇌 발달 시기인 6세 이전에 표의문자를 더 쉽게 받아들일 수 있으며, 초등학교 1학년 때가 가장 높은 효과를 보인다는 주장입니다. 그러므로 어른들의 관점으로 한자가 유아들에게 어렵다는 편견은 버려야 하며 한글을 어느 정도 읽을 수 있는 시기라면 한자 학습의 적기라고 할 수 있습니다.

● **기탄한자는 어떻게 구성되었나요?**

▶ 기탄한자는 그림과 놀이로 시작하는 기초 한자 과정에서부터 고전명저의 명문장까지 한자 학습의 체계를 세우는 프로그램입니다. 중학교 교육용 한자 900자의 범위에서 기초한자(낱자)과정 ➜ 조어(교과서 한자어)과정 ➜ 문장(고전)과정의 학습까지 한자 학습의 체계를 세우는 학습목표로 개발되었습니다.

▶ 기초한자(낱자)과정(A단계~D단계)에서는 한자를 처음 시작하는 유아에서 한자 학습의 경험이 없는 초등학교 2학년생을 대상으로 상형자, 지사자 등 쉬운 개념의 기초한자 168자를 익히게 됩니다.
시각 이미지를 통한 그림한자의 각인과 다양한 부교재를 통한 놀이 학습으로 재미있게 학습하는 특성을 지니고 있습니다. 또, 최고의 일러스트와 세련된 디자인으로 아동의 정서적 심미감을 기를 수 있는 프로그램입니다. 기존의 한자 교재와는 차별화된 학습 효과를 얻을 수 있습니다.

▶ 조어(교과서 한자어)과정(E단계~G단계)에서는 총 90여권의 초등학교 교과서에 쓰인 모든 한자어를 사용 빈도와 한자 난이도에 따라 분석한 방대한 양의 데이터베이스를 갖추어 156자의 학습 한자와 530여 한자어를 선정하였습니다.

신출 한자와 이미 학습한 기출 한자를 조합하여 새로운 어휘를 만들어 내는 무궁무진한 조어(造語)의 원리를 아이가 스스로 깨달아 이해력과 어휘력이 높은 아이로 자라나게 해줍니다. 또 단편적인 한자 암기 학습에서 벗어나 국어, 수학, 사회, 과학 영역의 다양한 예문 학습과 창작 동화, 인물, 시, 신문, 고전이야기 등의 학습으로 학교 수업에 자신감을 길러 주고 나아가 어휘력, 사고력 향상으로 논술의 기초 능력까지 배양해 줍니다.

구성내용

A·B단계 교재별 구성내용은 이렇습니다

◆ 기탄한자 **A단계** 호별 학습 내용 및 부교재

집	호		학습 한자	학습 한자어	부교재
1집	1	1a ~ 12a	山, 川, 日	강산, 등산/ 하천, 산천/ 일기, 일월	한자 모형 놀이 한자 카드 한자어 카드
	2	13a ~ 24a	月, 火, 水	반월, 月급/ 火산, 火재/ 水영장, 水요일	
	3	25a ~ 36a	木, 金, 土	木수, 식木일/ 金구, 황金/ 국土, 土지	
	4	37a ~ 48a	복습+놀이 학습	복습	
2집	5	49a ~ 60a	一, 二, 三	一등, 통一/ 二층, 二학년/ 三각형, 三총사	한자 창열기 놀이 한자 카드 한자어 카드
	6	61a ~ 72a	四, 五, 六	四방, 四계절/ 五선지, 五월/ 六학년, 六반	
	7	73a ~ 84a	七, 八, 九	북두七성, 七면조/ 八도강산, 八방미인/ 九관조, 九구단	
	8	85a ~ 96a	복습+놀이 학습	복습	
3집	9	97a ~ 108a	十, 百, 千	十자가, 十월/ 百점, 百화점/ 千자문, 千리마	한자 파노라마 놀이 한자 카드 한자어 카드
	10	109a ~ 120a	耳, 目, 口	耳목, 耳비인후과/ 제目, 면目/ 식口, 출입口	
	11	121a ~ 132a	人, 手, 足	人간, 人형/ 手술, 선手/ 足구, 수足	
	12	133a ~ 144a	복습+놀이 학습	복습	
4집	13	145a ~ 156a	田, 石, 玉	유田, 대田/ 石공, 石굴암/ 백玉, 玉동자	한자 브로마이드 한자 카드
	14	157a ~ 168a	力, 大, 小	인力거, 풍力/ 大학생, 大가족/ 小아과, 小인국	
	15	169a ~ 180a	上, 中, 下	上의, 上행선/ 中국, 中심/ 下교, 下인	
	16	181a ~ 192a	복습+총괄 평가+놀이 학습	복습	

◆ 기탄한자 **B단계** 호별 학습 내용 및 부교재

집	호		학습 한자	학습 한자어	부교재
1집	1	1a ~ 12a	犬, 牛, 羊	충犬, 애犬/ 牛유, 牛마차/ 羊모, 백羊	한자 모형 놀이 한자 카드 한자어 카드
	2	13a ~ 24a	父, 母, 子	父모, 父자/ 母녀, 학부母/ 子녀, 여子	
	3	25a ~ 36a	生, 心, 身	生일, 선生/ 心신, 안心/ 身체, 身장	
	4	37a ~ 48a	복습+놀이 학습	복습	
2집	5	49a ~ 60a	車, 士, 己	車도, 자전車/ 군士, 박士/ 자己, 극己	한자 창열기 놀이 한자 카드 한자어 카드
	6	61a ~ 72a	自, 工, 門	自동차, 自연/ 목工, 工장/ 대門, 창門	
	7	73a ~ 84a	刀, 王, 白	단刀, 은장刀/ 王자, 국王/ 白지, 흑白	
	8	85a ~ 96a	복습+놀이 학습	복습	
3집	9	97a ~ 108a	魚, 貝, 鳥	인魚, 魚항/ 貝물, 貝총/ 백鳥, 길鳥	한자 파노라마 놀이 한자 카드 한자어 카드
	10	109a ~ 120a	主, 册, 雨	主인, 主객/ 册상, 공册/ 雨산, 雨의	
	11	121a ~ 132a	風, 里, 竹	風차, 강風/ 里장, 里정표/ 竹림, 竹도	
	12	133a ~ 144a	복습+놀이 학습	복습	
4집	13	145a ~ 156a	草, 花, 馬	약草, 草가/ 무궁花, 花원/ 경馬장, 馬부	한자 브로마이드 한자 카드
	14	157a ~ 168a	男, 女, 夕	男녀, 미男/ 소女, 선女/ 夕양, 추夕	
	15	169a ~ 180a	舌, 齒, 面	작舌차, 舌음/ 齒과, 충齒/ 가面, 수面	
	16	181a ~ 192a	복습+총괄 평가+놀이 학습	복습	

C·D단계 교재별 구성내용은 이렇습니다

◆ 기탄한자 **C단계** 호별 학습 내용 및 부교재

집		호	학습 한자	학습 한자어	부교재
1집	1	1a ~ 12a	文, 化, 言, 才	文인, 文신/ 化석, 문化/ 言어, 言론/ 다才, 천才	한자 맞추기 놀이 한자 카드 한자어 카드
	2	13a ~ 24a	兄, 弟, 交, 友	兄弟, 학부兄/ 의兄弟, 弟자/ 交통, 외交/ 交友, 전友	
	3	25a ~ 36a	多, 少, 血, 肉	多정, 多소/ 少녀, 노少/ 심血, 血육/ 肉식, 肉신	
	4	37a ~ 48a	복습+놀이 학습	복습	
2집	5	49a ~ 60a	出, 入, 內, 外	出구, 出생/ 入구, 出入/ 국內, 차內/ 外국, 內外	한자 병풍 놀이 한자 카드 한자어 카드
	6	61a ~ 72a	去, 來, 立, 坐	去래, 과去/ 來일, 미來/ 자立, 立동/ 정坐	
	7	73a ~ 84a	光, 明, 行, 步	光명, 풍光/ 문明, 明월/ 산行, 行진/ 步병, 步행	
	8	85a ~ 96a	복습+놀이 학습	복습	
3집	9	97a ~ 108a	天, 地, 江, 河	天사, 天국/ 천地, 地구/ 江산, 江촌/ 河천, 은河수	한자 주사위 놀이 한자 카드 한자어 카드
	10	109a ~ 120a	毛, 皮, 角, 蟲	毛피, 양毛/ 목皮, 皮혁/ 녹角, 직角/ 초蟲, 해蟲	
	11	121a ~ 132a	古, 今, 衣, 食	古목, 古서/ 古今, 今일/ 우衣, 하衣/ 외食, 초食	
	12	133a ~ 144a	복습+놀이 학습	복습	
4집	13	145a ~ 156a	君, 臣, 兵, 卒	君주, 君신/ 臣하, 충臣/ 兵사, 兵력/ 卒병, 卒업	한자 브로마이드 한자 카드
	14	157a ~ 168a	方, 向, 左, 右	지方, 方향/ 풍向, 남向/ 左우, 左향左/ 右회전, 左右명	
	15	169a ~ 180a	本, 末, 分, 合	근本, 本인/ 末일, 本末/ 分교, 分수/ 合창, 合심	
	16	181a ~ 192a	복습+총괄 평가+놀이 학습	복습	

◆ 기탄한자 **D단계** 호별 학습 내용 및 부교재

집		호	학습 한자	학습 한자어	부교재
1집	1	1a ~ 12a	靑, 赤, 音, 色	靑산, 靑년/ 赤색, 赤십자/ 音악, 音색/ 백色, 色지	한자 맞추기 놀이 한자 카드 한자어 카드
	2	13a ~ 24a	住, 所, 姓, 名	의식住, 住택/ 所감, 장所/ 姓명, 백姓/ 名작, 지名	
	3	25a ~ 36a	利, 用, 有, 無	利용, 예利/ 공用, 식用/ 有명, 소有/ 無인도, 無례	
	4	37a ~ 48a	복습+놀이 학습	복습	
2집	5	49a ~ 60a	公, 平, 意, 思	公공, 公무원/ 平화, 平야/ 意견, 동意/ 思고, 思상	한자 병풍 놀이 한자 카드 한자어 카드
	6	61a ~ 72a	老, 弱, 貧, 富	老인, 원老/ 弱세, 노弱/ 貧약, 貧혈/ 富귀, 富자	
	7	73a ~ 84a	正, 直, 忠, 孝	正직, 正답/ 直선, 直각/ 忠성, 忠언/ 孝도, 孝녀	
	8	85a ~ 96a	복습+놀이 학습	복습	
3집	9	97a ~ 108a	前, 後, 走, 止	역前, 오前/ 오後, 식後/ 활走로, 경走/ 止혈, 금止	한자 주사위 놀이 한자 카드 한자어 카드
	10	109a ~ 120a	法, 道, 完, 全	法률, 法원/ 道로, 道덕/ 完승, 完성/ 全국, 안全	
	11	121a ~ 132a	善, 惡, 長, 短	善악, 善행/ 惡마, 惡몽/ 長검, 사長/ 장短, 短명	
	12	133a ~ 144a	복습+놀이 학습	복습	
4집	13	145a ~ 156a	世, 界, 國, 家	世계, 출世/ 외界, 정界/ 國왕, 國어/ 家족, 직家	한자 브로마이드 한자 카드
	14	157a ~ 168a	東, 西, 見, 聞	東서남북, 東해/ 西구, 西부/ 발見, 見학/ 신聞, 풍聞	
	15	169a ~ 180a	南, 北, 兒, 童	南극, 南대문/ 北극, 北상/ 유兒, 兒동/ 목童, 童화	
	16	181a ~ 192a	복습+총괄 평가+놀이 학습	복습	

구성내용

E단계 교재별 구성내용은 이렇습니다

◆ 기탄교과서한자 **E단계** 호별 학습 내용 및 부교재

집	호		학습 한자	학습 한자어				심화 영역		부교재
1집	1	1a~16a	寸京品市	寸: 四寸, 外三寸, 四寸間 品: 食品, 用品, 作品		京: 上京, 京畿道, 京仁線 市: 市內, 市場, 市立		창작동화	소중한 지폐 한 장 1	한자 카드 쓰기보따리 형성평가
								고사성어	水魚之交	
								시	사랑스런 추억 - 윤동주	
	2	17a~32a	巨具各曲	巨: 巨人, 巨大, 巨木 各: 各各, 各自, 各國		具: 家具, 道具, 用具 曲: 作曲, 曲線, 行進曲		창작동화	소중한 지폐 한 장 2	
								고사성어	他山之石	
								시	봄 - 빅토르 위고	
	3	33a~48a	可由原因	可: 可能, 可決, 不可能 原: 原子力, 原因, 草原		由: 自由, 由來, 理由 因: 原因, 因果, 要因		창작동화	슬기로운 재판 1	
								고사성어	見物生心	
								시	절정 - 이육사	
	4	49a~64a	복습	복습				창작동화	슬기로운 재판 2	
								고사성어	漁夫之利	
								시	동방의 등불 - 타고르	
2집	5	65a~80a	同求失反	同: 同生, 同行, 合同 失: 失手, 失明, 失言		求: 求心力, 要求, 求人 反: 反面, 反省, 反共		창작동화	닭이 사람과 함께 살게 된 이유 1	한자 카드 쓰기보따리 형성평가
								고사성어	五十步百步	
								시	접동새 - 김소월	
	6	81a~96a	告共首民	告: 忠告, 原告, 告白 首: 自首, 首弟子, 首相		共: 共同, 公共, 共生 民: 市民, 國民, 民心		창작동화	닭이 사람과 함께 살게 된 이유 2	
								고사성어	登龍門	
								시	눈 내린 아침 - 이인로	
	7	97a~112a	元先年回	元: 元日, 元金, 元來 年: 少年, 靑年, 一年		先: 先生, 先山, 先王 回: 一回用品, 河回, 回轉		창작동화	쇠를 먹는 쥐 1	
								고사성어	馬耳東風	
								시	눈 오는 저녁 - 김소월	
	8	113a~128a	복습	복습				창작동화	쇠를 먹는 쥐 2	
								고사성어	白眉	
								시	만돌이 - 윤동주	
3집	9	129a~144a	不非未必	不: 不足, 不公平, 不平 未: 未安, 未來, 未完成		非: 非行, 是非, 非常口 必: 必要, 生必品, 不必要		창작동화	세 친구 1	한자 카드 쓰기보따리 형성평가
								고사성어	多多益善	
								시	삶이 그대를 속일지라도 - 푸슈킨	
	10	145a~160a	知加字幸	知: 知人, 知己, 告知 字: 文字, 數字, 十字		加: 加入, 加味, 加工 幸: 多幸, 不幸, 幸福		창작동화	세 친구 2	
								고사성어	聞一知十	
								시	집 - 김영랑	
	11	161a~176a	表形味香	表: 表面, 表情, 表明 味: 意味, 風味, 口味		形: 人形, 三角形, 地形 香: 香水, 香氣, 香		창작동화	꿀강아지 1	
								고사성어	知音	
								시	올벼 고개 숙이고 - 이현보	
	12	177a~192a	복습	복습				창작동화	꿀강아지 2	
								고사성어	竹馬故友	
								시	행복 - 한용운	
4집	13	193a~208a	星軍相和	星: 行星, 天王星, 北斗七星 相: 首相, 人相, 色相		軍: 軍人, 國軍, 軍士 和: 平和, 和音, 共和國		창작동화	흰 코끼리의 전설	한자 카드 쓰기보따리 형성평가
								고사성어	千里眼	
								시	나그네의 밤 노래 - 괴테	
	14	209a~224a	單別命祖	單: 單元, 名單, 食單 命: 生命, 人命, 命令		別: 別名, 別世, 分別 祖: 先祖, 祖上, 祖父母		창작동화	뱀이 기어 다니게 된 이유 1	
								고사성어	朝三暮四	
								시	말 없는 청산이오 - 성혼	
	15	225a~240a	居章異再	居: 住居, 居室, 同居 異: 異常, 異意, 大同小異		章: 文章, 圖章, 樂章 再: 再生, 再活用, 再三		창작동화	뱀이 기어 다니게 된 이유 2	
								고사성어	一擧兩得	
								시	〈사랑〉을 사랑하여요 - 한용운	
	16	241a~256a	복습	복습				창작동화	뱀이 기어 다니게 된 이유 3	
								고사성어	溫故知新	
								시	삶의 아침인사 - 애너 리티셔 바볼드	

F단계 교재별 구성내용은 이렇습니다

◆ 기탄교과서한자 F단계 호별 학습 내용 및 부교재

집	호		학습 한자	학습 한자어		심화 영역		부교재
1집	1	1a~16a	仁 仙 信 休	仁: 仁川, 仁祖, 仁君 信: 信用, 自信, 信念	仙: 仙女, 水仙花, 仙人 休: 公休日, 休火山, 休息	창작동화 고사성어 전래동화	달밤에 얻은 행운 1 天高馬肥 빨간부채 파란부채	한자 카드 쓰기보따리 형성평가
	2	17a~32a	安 宅 官 容	安: 未安, 安心, 安全 官: 法官, 官家, 外交官	宅: 住宅, 自宅, 宅地 容: 容恕, 内容, 美容	창작동화 고사성어 전래동화	달밤에 얻은 행운 2 大器晩成 사만년을 산 사람	
	3	33a~48a	海 洋 漁 洗	海: 地中海, 東海, 海外 漁: 漁夫, 漁村, 出漁	洋: 東洋, 西洋, 海洋 洗: 洗手, 洗車, 洗面	창작동화 고사성어 전래동화	백일홍이야기 1 孟母三遷 소금을 만드는 맷돌	
	4	49a~64a	복습	복습		창작동화 고사성어 전래동화	백일홍이야기 2 蛇足 우렁각시	
2집	5	65a~80a	他 位 俗 保	他: 他人, 他地, 自他 俗: 民俗, 風俗, 世俗	位: 方位, 品位, 單位 保: 保全, 安保, 保有	창작동화 고사성어 전래동화	꾀 많은 장님 1 梁上君子 꼭두각시와 목도령	한자 카드 쓰기보따리 형성평가
	6	81a~96a	守 室 客 定	守: 守則, 保守, 守兵 客: 主客, 客室, 客地	室: 室内, 居室, 王室 定: 一定, 決定, 安定	창작동화 고사성어 전래동화	꾀 많은 장님 2 良藥苦於口 잊으라 한 건 안 잊고	
	7	97a~112a	林 村 材 校	林: 山林, 國有林, 竹林 材: 木材, 石材, 人材	村: 山村, 漁村, 民俗村 校: 下校, 校長, 校門	창작동화 고사성어 전래동화	바보 영웅 이야기 1 座右銘 반쪽이	
	8	113a~128a	복습	복습		창작동화 고사성어 전래동화	바보 영웅 이야기 2 矛盾 고양이와 푸른 구슬	
3집	9	129a~144a	決 洞 注 流	決: 決定, 決心, 可決 注: 注文, 注意, 注目	洞: 洞口, 洞長, 仁寺洞 流: 上流, 交流, 流行	창작동화 고사성어 전래동화	괴물 잡은 이발사 同床異夢 임자가 따로 있는 요술 궤짝	한자 카드 쓰기보따리 형성평가
	10	145a~160a	便 作 使 代	便: 便利, 便安, 大便 使: 使用, 天使, 使臣	作: 作心三日, 作用, 作品 代: 古代, 代表, 代身	창작동화 고사성어 전래동화	수수께끼 하나 結草報恩 배나무골 이도령	
	11	161a~176a	念 志 感 想	念: 信念, 記念, 一念 感: 共感, 自信感, 所感	志: 意志, 同志, 志士 想: 回想, 思想, 感想	창작동화 고사성어 전래동화	행운을 찾아다니는 사나이 1 井中之蛙 하늘 나라 밭 구경	
	12	177a~192a	복습	복습		창작동화 고사성어 전래동화	행운을 찾아다니는 사나이 2 近墨者黑 송뭉치 꼬리가 된 토끼	
4집	13	193a~208a	計 記 語 詩	計: 時計, 合計, 生計 語: 用語, 國語, 言語	記: 日記, 記入, 記念 詩: 童詩, 詩人, 三行詩	창작동화 고사성어 전래동화	그림자 없는 탑 1 有備無患 은혜 깊은 까치	한자 카드 쓰기보따리 형성평가
	14	209a~224a	情 性 進 造	情: 人情, 友情, 心情 進: 行進, 進出, 先進國	性: 性品, 性情, 女性 造: 造成, 造形, 人造	창작동화 고사성어 전래동화	그림자 없는 탑 2 走馬看山 두 개가 된 금덩이	
	15	225a~240a	始 好 雲 雪	始: 始作, 元始, 始祖 雲: 星雲, 白雲, 靑雲	好: 同好人, 好意, 好感 雪: 白雪, 雪景, 雪山	창작동화 고사성어 전래동화	그림자 없는 탑 3 螢雪之功 구렁이 신랑	
	16	241a~256a	복습	복습		창작동화 고사성어 전래동화	그림자 없는 탑 4 苦盡甘來 바리공주	

구성내용

G단계 교재별 구성내용은 이렇습니다

◆ 기탄교과서한자 G단계 호별 학습 내용 및 부교재

집	호		학습 한자	학습 한자어	심화 영역		부교재
1집	1	1a~16a	果 實 夫 婦 美	果:成果, 果實, 靑果, 無花果 實:行實, 實力, 實生活, 口實 夫:工夫, 夫子, 夫人, 漁夫 婦:主婦, 夫婦, 婦人, 婦女子 美:美化員, 美國人, 美人, 美化	인물	마크 트웨인	한자 카드 쓰기보따리 형성평가
					창작동화	소가 골라준 새 신랑 1	
					고사성어	改過遷善	
					기사문	돈 더 버는 아내 집안일 더 한다	
	2	17a~32a	重 要 活 動 得	重:重要, 所重, 貴重, 重大 要:必要, 主要, 要求, 要所 活:活用, 生活, 活字, 活力 動:活動, 行動, 動力, 動作 得:所得, 利得, 得失	인물	어네스트 톰슨 시튼	
					창작동화	소가 골라준 새 신랑 2	
					고사성어	錦衣還鄕	
					기사문	컬러식품 좋아좋아	
	3	33a~48a	夜 景 成 功 者	夜:夜食, 白夜, 夜光, 夜行 景:風景, 光景, 山景, 雪景 成:成長, 作成, 合成, 完成 功:成功, 功臣, 年功, 功力 者:記者, 富者, 步行者, 老弱者	인물	에디슨	
					창작동화	소가 골라준 새 신랑 3	
					고사성어	管鮑之交	
					기사문	日 간사이 5색 체험관광	
	4	49a~64a	복습	복습	인물	퀴리부인	
					창작동화	소가 골라준 새 신랑 4	
					고사성어	刻舟求劍	
					기사문	재교육기관 노크 해보자	
2집	5	65a~80a	時 間 空 氣 集	時:日時, 時代, 同時, 時計 間:人間, 山間, 時間, 中間 空:空中, 空間, 空册, 空想 氣:空氣, 香氣, 日氣, 大氣 集:文集, 集中, 詩集, 集合	인물	장영실	한자 카드 쓰기보따리 형성평가
					창작동화	거짓말 시합 1	
					고사성어	刮目相對	
					기사문	귀성길 차 안에서 게임 한판	
	6	81a~96a	現 在 協 商 事	現:表現, 現金, 現地, 出現 在:現在, 所在, 在京, 在來 協:協同, 協力, 協心, 協定 商:商人, 商品, 商去來, 協商 事:人事, 行事, 工事, 記事	인물	록펠러	
					창작동화	거짓말 시합 2	
					고사성어	吳越同舟	
					기사문	폴크스바겐 노·사 대협상	
	7	97a~112a	社 會 技 能 部	社:社長, 會社, 社交, 入社 會:大會, 社會, 面會, 立會 技:長技, 技法, 技術, 技能 能:技能, 能力, 可能, 才能 部:部分, 一部分, 外部, 一部	인물	콜럼버스	
					창작동화	말 잘 듣는 효자 1	
					고사성어	羊頭狗肉	
					기사문	국가중대사 국민합의가 필요	
	8	113a~128a	복습	복습	인물	앙리 뒤낭	
					창작동화	말 잘 듣는 효자 2	
					고사성어	完璧	
					기사문	시동 걸면 주행정보 쫙~	
3집	9	129a~144a	問 答 登 場 省	問:問安, 問題, 反問 答:問答, 答信, 正答, 回答 登:登山, 登校, 登用 場:市場, 工場, 入場, 場面 省:反省, 自省, 省墓	인물	리스트	한자 카드 쓰기보따리 형성평가
					창작동화	냄새 맡은 값 1	
					고사성어	指鹿爲馬	
					기사문	침체의 잠에 취한 라인강의 기적	
	10	145a~160a	春 夏 秋 冬 溫	春:春川, 春香, 立春, 靑春 夏:立夏, 春夏, 夏至 秋:秋夕, 秋風, 春秋 冬:冬至, 立冬, 春夏秋冬 溫:氣溫, 溫室, 溫水	인물	김홍도	
					창작동화	냄새 맡은 값 2	
					고사성어	塞翁之馬	
					기사문	스키장 넘어져야 안 다친다	
	11	161a~176a	貴 愛 病 死 敬	貴:貴重, 高貴, 富貴, 貴人 愛:友愛, 愛國, 愛人, 愛犬 病:問病, 白血病, 病室, 病名 死:生死, 死亡者, 不死身, 病死 敬:恭敬, 敬老, 敬老席, 敬語	인물	안중근	
					창작동화	아버지의 유서 1	
					고사성어	難兄難弟	
					기사문	은행나무 천국 부석사 가는길	
	12	177a~192a	복습	복습	인물	황희	
					창작동화	아버지의 유서 2	
					고사성어	四面楚歌	
					기사문	서울과 워싱턴 마음을 열 때다	
4집	13	193a~208a	物 件 發 電 書	物:古物, 文物, 人物 件:物件, 事件, 用件 發:發生, 出發, 發明, 發見 電:電力, 電子, 電車, 電氣 書:文書, 古書, 書名	인물	벤자민 프랭클린	한자 카드 쓰기보따리 형성평가
					창작동화	선행과 쾌락 1	
					고사성어	三顧草廬	
					기사문	대한민국은 배달천국	
	14	209a~224a	高 低 苦 樂 朝	高:高音, 高溫, 高貴, 高見 低:低溫, 低下, 低利, 低學年 苦:苦生, 苦心, 苦行 樂:音樂, 安樂, 樂山 朝:王朝, 朝夕, 朝會	인물	루소	
					창작동화	선행과 쾌락 2	
					고사성어	脣亡齒寒	
					기사문	중소기업 그곳에도 길이 있다	
	15	225a~240a	眞 理 學 習 賞	眞:眞情, 眞空, 眞心 理:心理, 原理, 眞理, 一理 學:學年, 學生, 入學, 見學 習:學習, 風習, 自習 賞:賞品, 孝行賞, 大賞, 賞金	인물	전봉준	
					창작동화	아가씨와 우유 1	
					고사성어	守株待兎	
					기사문	들리지! 눈 쌓은 숲 생명의 소리	
	16	241a~256a	복습	복습	인물	뢴트겐	
					창작동화	아가씨와 우유 2	
					고사성어	臥薪嘗膽	
					기사문	물건값 계산 … 악도 그리기 …	

학부모 여러분, 〈기탄한자〉는 이렇게 지도해 주세요

1. 학습자의 능력보다 낮은 단계에서 시작하세요.

기탄한자 A~G단계는 기초 한자부터 초등학교 교과서에 쓰인 한자어를 학습하는 프로그램입니다. 한글을 아는 유아에서부터 한자 학습의 경험이 있는 초등학교 6학년 학생을 대상으로 개발되었습니다. 그러나 한자 학습의 경험이 있는 아이라도, 학습자의 경험이나 능력보다 낮은 단계에서 시작하는 것이 바람직합니다. 특히 각 단계의 1집부터 순차적으로 학습해 나가는 것은 매우 중요합니다. 간혹 학부모님의 판단에 따라 단계의 생략은 가능하지만 2, 3집부터 시작하는 것은 옳지 않은 진도 진행입니다. 아이가 학습에 부담을 느끼지 않고 한자 공부는 쉽고 재미있다는 느낌을 가질 수 있도록 A단계 1집에서부터 시작하는 것이 가장 이상적인 출발점입니다.

2. 복습호는 반드시 부모님이 함께 해 주세요.

각 집(권)마다 앞서 배운 한자의 복습호가 구성되어 있습니다. 복습호에서는 항상 형성평가를 실시하여 학습 수용도를 점검합니다. 이 때 부모님이 반드시 채점을 해 주시고, 결과에 따라 적절한 칭찬과 동기유발이 필요합니다. 또 복습주마다 구성된 놀잇감(A~D단계)으로 아이와 함께 놀아 주세요.

3. 교재 구입 즉시 분책하여 사용하세요.

〈기탄한자〉는 구입 즉시 분책하여 사용할 수 있도록 매주 학습할 분량이 별도의 책으로 특수제본(4in1시스템)되어 있습니다. 보통 책은 1번 제본하는 것으로 끝나지만 〈기탄한자〉는 무려 5번의 제본 과정을 거쳐 제작되었습니다. 각 호가 끝날 때마다 새 책으로 공부하게 되므로 아이에게 성취감과 기대감을 갖게 하고 학습 효과도 극대화시켜 줍니다.

4. 매일 일정한 시간에 규칙적으로 학습하게 하세요.

하루 5~10분을 학습하더라도 규칙적으로 학습하는 것이 중요합니다. 1호 분량이 1주일(5일) 학습 분량이므로 한 번에 억지로 하지 않게 하고, 반대로 너무 많은 양을 한꺼번에 하는 것도 좋지 않습니다. 어렸을 때부터 조금씩 매일매일 공부하는 습관을 길러 주도록 합니다.

5. 부모님이 직접 지도해 주세요.

〈기탄한자〉는 교사 방문 학습지와는 달리 아이 스스로 공부하고 부모님이 체크하는 자율적인 학습 모델을 채택하고 있습니다. 따라서 타 학습지 회사에서는 지도교사에게만 제공하는 지도 지침을 해당 호에 상세히 실었습니다. 각 호의 첫 장에 실린 '이렇게 도와주세요', '이번 주 학습포인트'에서는 한 주 동안의 지도 요점이 기재되어 있고, 각 페이지의 하단에도 지도 요점, 주의 사항 등을 기재하였습니다. 학부모님들이 〈기탄한자〉의 기획의도, 학습목표, 지도방법 등을 쉽게 이해하고 아이들에게 가르치기 편하도록 최대한 배려하였습니다.

6. 이미 익힌 한자는 아이가 실생활 속에서 활용하게 하세요.

아이가 이미 익힌 한자는 실생활 속에서 최대한 많은 사용 기회를 갖게 해 줍니다. 알았던 한자도 오랫동안 사용하지 않으면 잊혀지게 됩니다. 학습된 한자를 신문, 책, 대중매체, 인쇄물 등을 활용하여 확인하게 하고 글을 쓸 때 알고 있는 한자로 표현해 볼 기회를 자주 갖도록 합니다.

단계별 학습 한자와
한자능력검정시험 급수 배정 안내

단계	학습 한자	급수 응시 가이드
A단계	• 8급 : 山, 日, 月, 火, 水, 木, 金, 土, 一, 二, 三, 四, 五, 六, 七, 八, 九, 十, 人, 大, 小, 中 • 7급 : 川, 百, 千, 口, 手, 足, 力, 上, 下 • 6급 · 6급Ⅱ : 目, 石 • 5급 : 耳 • 4급Ⅱ : 田, 玉	A단계에서는 상형자, 지사자 중심의 기초한자 36자를 익혔습니다. 이는 한자능력검정시험 배정한자 중 **8급, 7급 배정한자 31자와 상위급수 한자 5자**가 포함됩니다. 학습자의 학년, 나이, 학습수용도에 따라 **8급, 7급** 이내에서 응시용 수험서(기탄급수한자 빨리따기)로 준비한 후 자격증 취득에 도전해 보세요.
B단계	• 8급 : 父, 母, 生, 門, 王, 白, 女 • 7급 : 子, 心, 車, 自, 工, 主, 里, 草, 花, 男, 夕, 面 • 6급 · 6급Ⅱ : 身, 風 • 5급 : 牛, 士, 己, 魚, 雨, 馬 • 4급Ⅱ : 羊, 鳥, 竹, 齒 • 4급 : 犬, 册, 舌 • 3급Ⅱ : 刀 • 3급 : 貝	B단계에서는 상형자, 지사자 중심의 기초한자 36자를 익혔습니다. 이는 A단계 학습 한자부터 누적하면 한자능력검정시험 배정한자 중 **8급, 7급 배정한자 50자와 상위급수 한자 22자**가 포함됩니다. 학습자의 학년, 나이, 학습수용도에 따라 **8급, 7급** 이내에서 응시용 수험서(기탄급수한자 빨리따기)로 준비한 후 자격증 취득에 도전해 보세요.
C단계	• 8급 : 兄, 弟, 外 • 7급 : 文, 少, 出, 入, 內, 來, 立, 天, 地, 江, 食, 方, 左, 右 • 6급 · 6급Ⅱ : 言, 才, 交, 多, 光, 明, 行, 角, 古, 今, 衣, 向, 本, 分, 合 • 5급 : 化, 友, 去, 河, 臣, 兵, 卒, 末 • 4급Ⅱ : 血, 肉, 步, 毛, 蟲 • 4급 : 君 • 3급Ⅱ : 坐, 皮	C단계에서는 형성자, 회의자를 중심으로 48자의 기초한자를 익혔습니다. 이는 A단계 학습 한자부터 누적하면 한자능력검정시험 배정한자 중 **7급 배정한자 67자, 6급 · 6급Ⅱ 배정한자 86자와 상위급수 한자 34자**를 익혔습니다. 학습자의 학년, 나이, 학습수용도에 따라 **7급, 6급 · 6급Ⅱ** 이내에서 응시용 수험서(기탄급수한자 빨리따기) 로 준비한 후 자격증 취득에 도전해 보세요.
D단계	• 8급 : 靑, 長, 國, 東, 西, 南, 北 • 7급 : 色, 住, 所, 姓, 名, 有, 平, 老, 正, 直, 孝, 前, 後, 道, 全, 世, 家 • 6급 · 6급Ⅱ : 音, 利, 用, 公, 意, 弱, 短, 界, 聞, 童 • 5급 : 赤, 無, 思, 止, 法, 完, 善, 惡, 見, 兒 • 4급Ⅱ : 貧, 富, 忠, 走	D단계에서는 형성자, 회의자를 중심으로 48자의 기초한자를 익혔습니다. 이는 A단계 학습 한자부터 누적하면 한자능력검정시험 배정한자 중 **7급 배정한자 91자, 6급 · 6급Ⅱ 배정한자 120자와 상위급수 한자 48자**를 익혔습니다. 학습자의 학년, 나이, 학습수용도에 따라 **7급, 6급 · 6급Ⅱ** 이내에서 응시용 수험서(기탄급수한자 빨리따기)로 준비한 후 자격증 취득에 도전해 보세요.
E단계	• 8급 : 寸, 民, 先, 年, 軍 • 7급 : 市, 同, 不, 字, 命, 祖 • 6급 · 6급Ⅱ : 京, 各, 由, 失, 反, 共, 幸, 表, 形, 和, 別, 章 • 5급 : 品, 具, 曲, 可, 原, 因, 告, 首, 元, 必, 知, 加, 相, 再 • 4급Ⅱ : 求, 回, 非, 未, 味, 香, 星, 單 • 4급 : 巨, 居, 異	E단계에서는 형성자, 회의자를 중심으로 48자의 필수한자를 익혔습니다. 이는 A단계 학습 한자부터 누적하면 한자능력검정시험 배정한자 중 **7급 배정한자 102자, 6급 · 6급Ⅱ 배정한자 143자와 상위급수 한자 73자**를 익혔습니다. 학습자의 학년, 나이, 학습수용도에 따라 **6급 · 6급Ⅱ, 5급** 이내에서 응시용 수험서(기탄급수한자 빨리따기)로 준비한 후 자격증 취득에 도전해 보세요.
F단계	• 8급 : 室, 校 • 7급 : 休, 安, 海, 林, 村, 洞, 便, 記, 語 • 6급 · 6급Ⅱ : 信, 洋, 定, 注, 作, 使, 代, 感, 計, 始, 雪 • 5급 : 仙, 宅, 漁, 洗, 他, 位, 客, 材, 決, 流, 念, 情, 性, 雲 • 4급Ⅱ : 官, 容, 俗, 保, 守, 志, 想, 詩, 進, 造, 好 • 4급 : 仁	F단계에서는 형성자, 회의자를 중심으로 48자의 필수한자를 익혔습니다. 이는 A단계 학습 한자부터 누적하면 한자능력검정시험 배정한자 중 **7급 배정한자 113자, 6급 · 6급Ⅱ 배정한자 165자와 상위급수 한자 99자**를 익혔습니다. 학습자의 학년, 나이, 학습수용도에 따라 **6급 · 6급Ⅱ, 5급** 이내에서 응시용 수험서(기탄급수한자 빨리따기)로 준비한 후 자격증 취득에 도전해 보세요.
G단계	• 8급 : 學 • 7급 : 夫, 重, 活, 動, 時, 間, 空, 氣, 事, 問, 答, 登, 場, 春, 夏, 秋, 冬, 物, 電 • 6급 · 6급Ⅱ : 果, 美, 夜, 成, 功, 者, 集, 現, 在, 社, 會, 部, 省, 溫, 愛, 病, 死, 發, 書, 高, 苦, 樂, 朝, 理, 習 • 5급 : 實, 要, 景, 商, 技, 能, 貴, 敬, 件, 賞 • 4급Ⅱ : 婦, 得, 協, 低, 眞	G단계에서는 형성자, 회의자를 중심으로 60자의 필수한자를 익혔습니다. 이는 A단계 학습 한자부터 누적하면 한자능력검정시험 배정한자 중 **7급 배정한자 133자, 6급 · 6급Ⅱ 배정한자 210자와 상위급수 한자 114자**를 익혔습니다. 학습자의 학년, 나이, 학습수용도에 따라 **6급 · 6급Ⅱ, 5급** 이내에서 응시용 수험서(기탄급수한자 빨리따기)로 준비한 후 자격증 취득에 도전해 보세요.

※ 이 표는 기탄한자 학습 후 한자능력검정시험 자격증 취득의 연계를 위한 지침입니다. 학습자의 학습경험이나 상태에 따라 개별적인 지침이 달라질 수 있습니다.

1호

기탄한자 C단계 1집 1a~12a

4 in 1 시스템

기탄한자는 학습효과를 극대화하기 위해 매주 학습할 분량이 별도의 책으로 특수제본되어 있습니다.

본 교재는 1권의 책 속에 1주일 학습할 분량의 교재 4권이 들어 있는 4 in 1 시스템으로 제본되어 있습니다. 따라서 4권의 책으로 분리되는 것이 정상적인 제본이며, 호별로 빼내어 학습하시면 아주 효과적입니다.

그림으로 익히고 놀이로 기억하는 입체 한자 학습 프로그램

기탄®한자

C1집
1호
1a-12a

공부한 날   월   일 ~   월   일
　　　　　　(원)교　　　　　반
이름　　　　　　　전화

www.gitan.co.kr

기초 탄탄한 교육 · 기초 탄탄한 학습
기탄교육

 ## C단계에서 배울 한자입니다.

C단계							
1집	文, 化, 言, 才	2집	出, 入, 內, 外	3집	天, 地, 江, 河	4집	君, 臣, 兵, 卒
	兄, 弟, 交, 友		去, 來, 立, 坐		毛, 皮, 角, 蟲		方, 向, 左, 右
	多, 少, 血, 肉		光, 明, 行, 步		古, 今, 衣, 食		本, 末, 分, 合
	복습		복습		복습		복습

※ 매주마다 학습한 한자를 누적하여 읽어 보세요.

학습 진단 관리표

	훈음 읽기	훈음 쓰기	한자 쓰기	한자어 읽기
금주평가	Ⓐ 아주 잘함	Ⓐ 아주 잘함	Ⓐ 아주 잘함	Ⓐ 아주 잘함
	Ⓑ 잘함	Ⓑ 잘함	Ⓑ 잘함	Ⓑ 잘함
	Ⓒ 보통	Ⓒ 보통	Ⓒ 보통	Ⓒ 보통
	Ⓓ 노력해야 함	Ⓓ 노력해야 함	Ⓓ 노력해야 함	Ⓓ 노력해야 함

이번 주는?
- 학습방법 ❶ 매일매일 ❷ 가끔 ❸ 한꺼번에 하였습니다.
- 학습태도 ❶ 스스로 잘 ❷ 시켜서 억지로 하였습니다.
- 학습흥미 ❶ 재미있게 ❷ 싫증내며 하였습니다.
- 교재내용 ❶ 적합하다고 ❷ 어렵다고 ❸ 쉽다고 하였습니다.

지도 교사가 부모님께

부모님이 지도 교사께

종합평가	Ⓐ 아주 잘함	Ⓑ 잘함	Ⓒ 보통	Ⓓ 노력해야 함

이번 주에는 文 (글월 문), 化 (될 화), 言 (말씀 언), 才 (재주 재)를 배워요.

1일차 1a~2b
- B단계에서 학습한 舌, 齒, 面을 복습합니다.
- C단계부터는 한 호당 4자의 한자를 익힙니다.
- 동화를 읽고 文, 化, 言, 才의 3요소에 흥미를 갖도록 합니다.

2일차 3a~4b
- 文, 化의 뜻, 소리, 모양, 필순, 자원, 한자어를 학습합니다.
- 化에 초두머리(艹)가 합하여져 花(꽃 화)가 됨을 설명합니다.

3일차 5a~6b
- 言, 才의 뜻, 소리, 모양, 필순, 자원, 한자어를 학습합니다.
- 言의 필순에서 위에서 아래로 쓰는 필순의 원칙을 설명합니다.

4일차 7a~9b
- 7b에서 文을 쓸 때 삐침(丿)을 먼저 쓰고 파임(乀)을 나중에 쓰는 원칙을 설명합니다.
- 8a에서 자원을 보고 모양을 떠올리지 못하면 한자 카드를 활용합니다.

5일차 10a~12a
- 풀어보기를 통해 이번 주에 학습한 한자의 뜻, 소리, 모양을 확인합니다.
- 9세 미만의 학습자에게는 쓰기를 강요하지 않습니다.
- 한자 보따리를 읽고 부수의 정의를 알아봅니다.

다시보기

선을 따라 접은 후 이루어지는 한자의 뜻과 소리를 쓰세요.

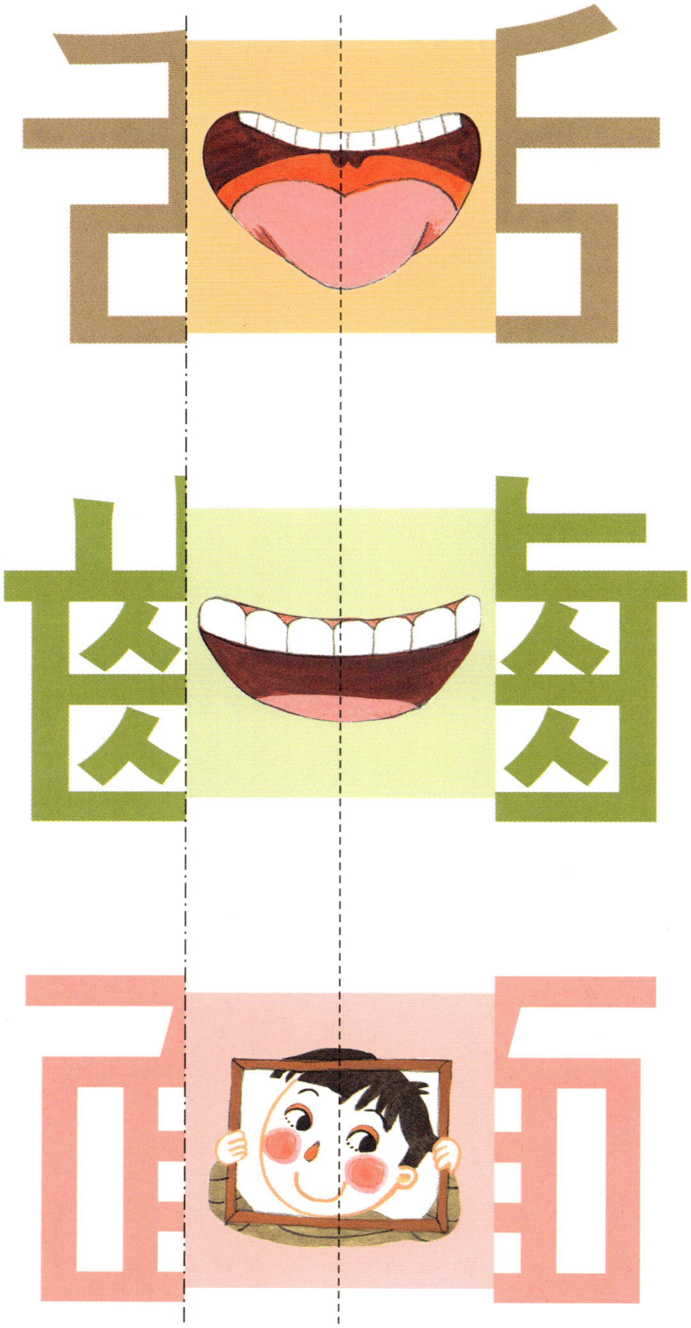

뜻:　　소리:

뜻: 이　소리: 치

뜻:　　소리:

밖으로 접는 선　　안으로 접는 선

● B단계에서 학습한 舌, 齒, 面의 뜻과 소리를 복습합니다.

빈 곳에 스티커를 붙이고 빈 칸에 알맞게 쓰세요.

● C단계에서 시작한 아이의 경우 舌, 齒, 面의 3요소를 바르게 알고 있는지 확인합니다.

📄 동화를 읽고 같은 모양의 한자를 찾아 스티커를 붙이세요.

새빨간 거짓말

이 영감과 김 영감은 고개를 사이에 두고 살았어요.

두 사람은 매일 아침부터 저녁까지 함께 지냈어요.

"자네가 먼저 죽게 **되면**(化) 나도 데려가게. 그게 내 소원일세."

"자네가 먼저 죽으면 나도 불러 주게."

이를 듣고 있던 영리하고 **재주**(才) 많은 하인이 두 사람을 시험해 보고 싶었어요.

● 이번 주에 학습할 文, 化, 言, 才의 개념을 동화를 통하여 도입합니다. 化는 구체적 형상이 없는 한자이므로 '되다', '변하다'라는 개념을 이해하도록 도와 줍니다.

그래서 하인은 두 영감이 죽었다고 서로에게 거짓말을 했어요.
어느 날, 두 영감은 고개를 넘다가 마주쳤어요.
그런데 둘 다 '이크!' 하면서 무슨 말(言)을 중얼대며 도망갔어요.
하인이 주인에게 물었어요.
"나으리, 뭘 그리 골똘히 외십니까?"
"귀신 쫓는 글월(文)이다. 얼른 대문 밖에 소금 뿌려라."

● 도입 단계이므로 배우게 될 한자에 흥미를 갖게 하고, 쓰거나 암기하게 하지 않습니다.

文 알아보기

🔊 빈 곳에 알맞은 스티커를 붙이고 한자의 뜻과 소리를 읽어 보세요.

뜻: 글월 소리: 문

📝 文이 만들어진 유래를 알아보고 한자 스티커를 붙이세요.

본래의 뜻은 문신으로, 사람의 몸에 먹물이나 물감으로 그린 그림이나 무늬를 새긴 것을 말합니다. 나중에 글, 문서 등의 뜻으로 쓰이게 된 한자입니다.

✏️ 순서대로 써 보세요.

● 文의 옛 뜻보다는 '글월, 문서' 등의 현재 뜻을 설명하여 이해를 돕습니다.

📝 文의 뜻, 소리, 모양을 쓰세요.

- 文은 ____글월____ 을 뜻합니다.
- 文은 ____문____ 이라고 읽습니다.
- 글월 문은 ____文____ 이라고 씁니다.

📝 빈 칸에 文을 쓰고, 文이 쓰인 한자어를 익혀 보세요.

文 인 : 문예 창작에 종사하는 사람

文 신 : 살갗을 바늘로 찔러 먹물이나 다른 물감으로 글씨·무늬 따위를 새기는 일

📝 필순에 맞게 文을 써 보세요.

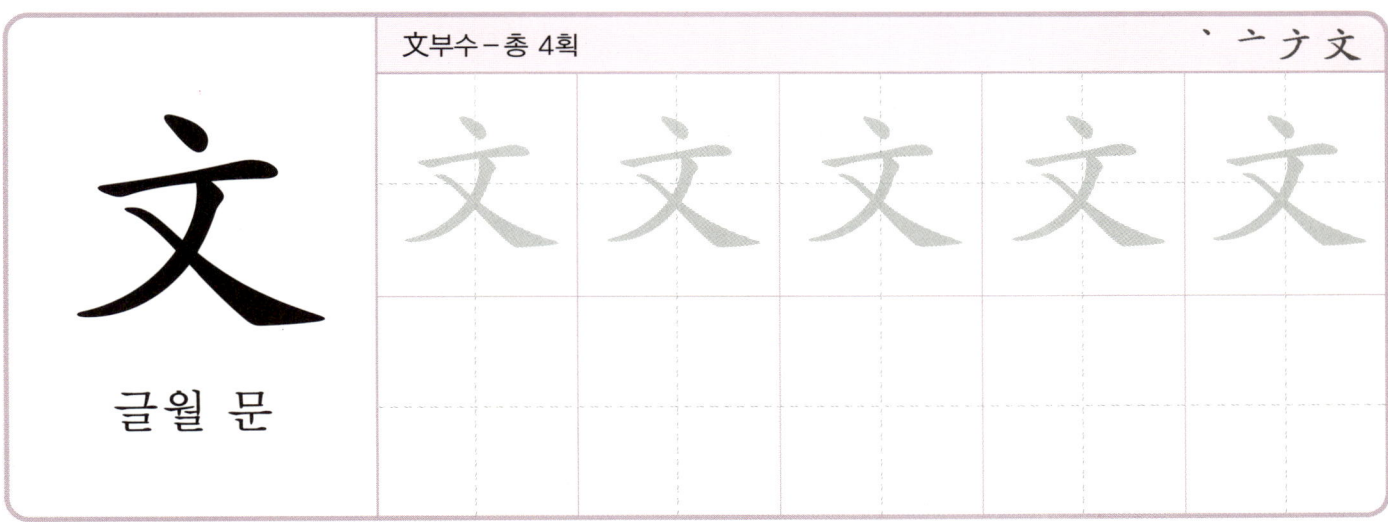

文부수-총 4획

、 一 ナ 文

文
글월 문

• C단계에서 시작한 아이는 "뜻은 뭘까?", "소리는 뭐니?" 하고 한자의 뜻과 소리를 분리하여 이해하는지 확인해 봅니다.

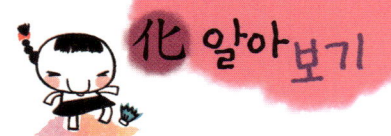

🔊 빈 곳에 알맞은 스티커를 붙이고 한자의 뜻과 소리를 읽어 보세요.

뜻: 될 소리: 화

📄 化가 만들어진 유래를 알아보고 한자 스티커를 붙이세요.

두 사람이 있는데, 한 사람은 바로 서 있고, 다른 한 사람은 거꾸로 서 있다. 곡예를 하고 있는 모습으로 바뀌다, 변화하다, 조화 등의 뜻으로 쓰입니다.

✏️ 순서대로 써 보세요.

● 化의 자원은 곡예나 서커스 등의 재주를 부리는 모습을 예로 들어 설명합니다.

📝 化의 뜻, 소리, 모양을 쓰세요.

- 化는 _____ 을(를) 뜻합니다.

- 化는 _____ 라고 읽습니다.

- 될 화는 _____라고 씁니다.

📝 빈 칸에 化를 쓰고, 化가 쓰인 한자어를 익혀 보세요.

☐ 석 : 동식물의 유해 및 유물이 암석 속에 남아 있는 것

문 ☐ : 진리를 구하고 끊임없이 진보, 향상하려는 인간의 정신적 활동, 또는 그에 따른 정신적, 물질적인 성과를 이르는 말

📝 필순에 맞게 化를 써 보세요.

ヒ부수 – 총 4획   ノ 亻 亻 化

化
될 화

• 化는 음이 같은 火(불 화), 花(꽃 화) 등과 구별할 수 있도록 합니다.

기탄한자 C1-4b

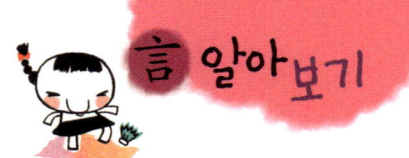 言 알아보기

🔊 빈 곳에 알맞은 스티커를 붙이고 한자의 뜻과 소리를 읽어 보세요.

뜻: 말씀   소리: 언

📝 言이 만들어진 유래를 알아보고 한자 스티커를 붙이세요.

입(口)에서 혀가 밖으로 뻗어 있는 모습을 본떠 말이란 뜻으로 쓰이게 된 한자입니다.

✏️ 순서대로 써 보세요.

● 言은 '말', 行은 '행동'으로 서로 상대되는 한자입니다. 言은 말하는 것이므로 口(입 구)가 쓰였음을 지도합니다.

📝 言의 뜻, 소리, 모양을 쓰세요.

- 言은 _____ 을 뜻합니다.
- 言은 _____ 이라고 읽습니다.
- 말씀 언은 _____ 이라고 씁니다.

📝 빈 칸에 言을 쓰고, 言이 쓰인 한자어를 익혀 보세요.

☐ 어 : 생각이나 느낌을 음성으로 전달하는 수단과 체계

☐ 론 : 말이나 글로 자기의 사상을 발표하는 일

📝 필순에 맞게 言을 써 보세요.

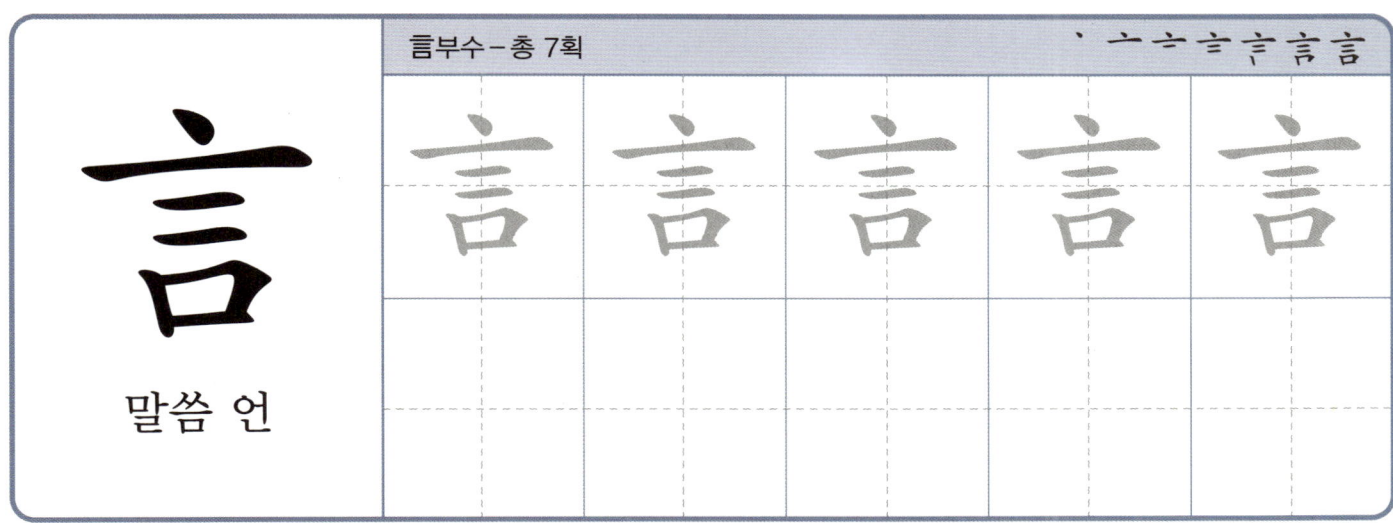

言부수 - 총 7획

言
말씀 언

- 言이 쓰인 다른 한자어를 이야기해 봅니다. (예 : 언행, 방언, 언변 …)

 才 알아보기

🔊 빈 곳에 알맞은 스티커를 붙이고 한자의 뜻과 소리를 읽어 보세요.

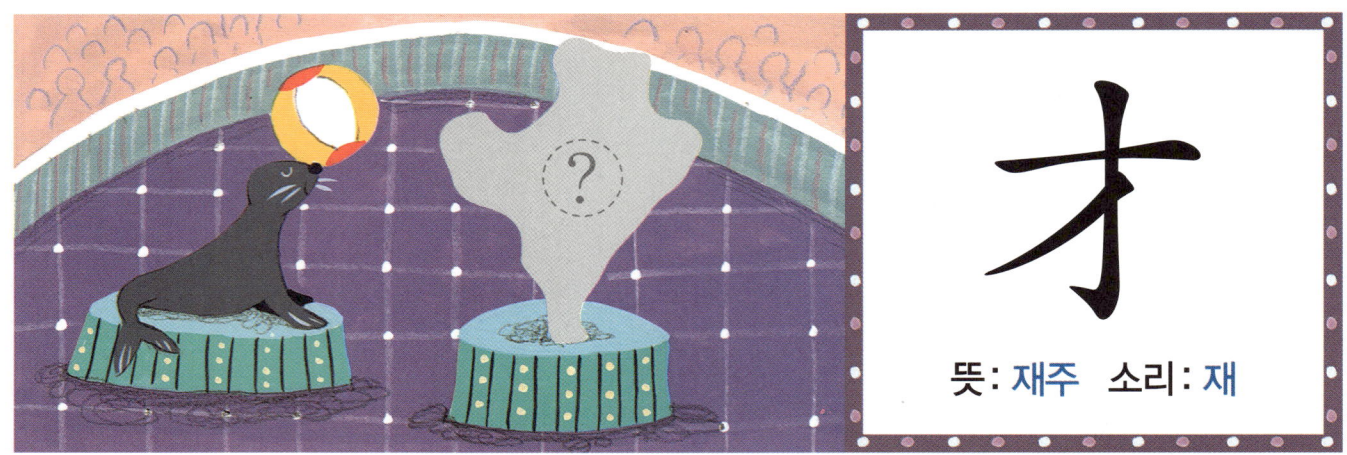

뜻: 재주　소리: 재

📅 才가 만들어진 유래를 알아보고 한자 스티커를 붙이세요.

초목의 새싹이 땅 속에서 땅 위로 갓 솟아난 모습입니다. 재주, 재능을 나타냅니다.

✏️ 순서대로 써 보세요.

• 才는 '재주' 라는 뜻이고 '재목, 재주' 를 뜻하는 材(재목 재)와 통용되어 쓰이기도 합니다.

📝 才의 뜻, 소리, 모양을 쓰세요.

- 才는 _____ 를 뜻합니다.
- 才는 _____ 라고 읽습니다.
- 재주 재는 _____ 라고 씁니다.

📝 빈 칸에 才를 쓰고, 才가 쓰인 한자어를 익혀 보세요.

다 [ ] : 재능이 많음

천 [ ] : 태어날 때부터 뛰어난 재능을 가진 사람

✏️ 필순에 맞게 才를 써 보세요.

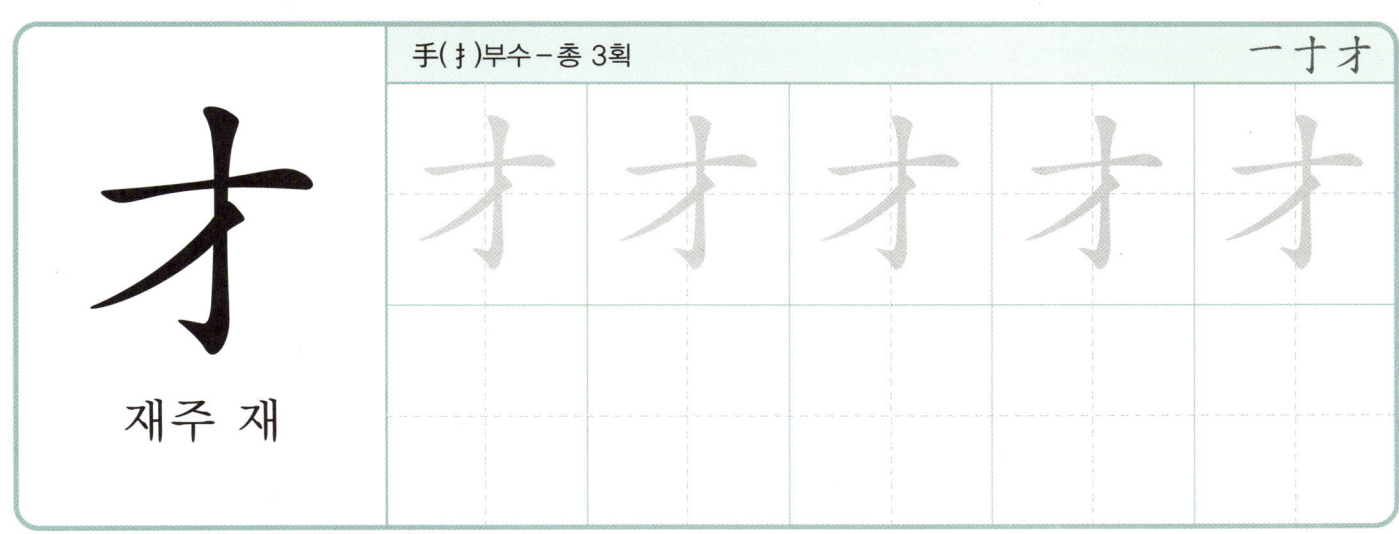

다지기

✏️ 빈 칸에 알맞은 뜻과 소리를 쓰세요.

文 — 글월 문

化 —

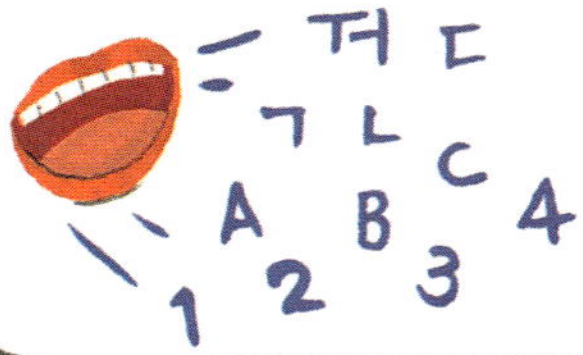

言 —

才 —

글월문   말씀언   될화   재주재

● 한자의 모양과 그림을 보고 훈음을 연상할 수 있도록 합니다.

✏️ 한자를 필순에 맞게 쓰세요.

• 文(`ーナ)과 化(ノイイ)의 세 번째 쓰는 획에 유의합니다.

자원을 보고 빈 칸에 알맞게 쓰세요.

그림을 보고 알맞은 한자를 찾아 ◯하세요.

• 文과 言의 그림을 혼동하지 않도록 유의합니다.

빈 칸에 알맞은 한자를 쓰세요.

文　化　言　才

• 그림 속에서 상황에 알맞은 한자를 쓸 수 있도록 합니다.

동화를 읽고 〈보기〉에서 알맞은 한자를 찾아 쓰세요.

오성의 지혜

옛날 어느 마을에 오성이라는 아이가 살았어요.

오성은 어릴 때부터 글 [文] 을 잘 읽고, 재주 [才] 가 많았어요.

오성의 집에는 감나무 [木] 한 그루가 있었어요.

그런데 그 감나무 가지가 옆집 쪽으로 축 늘어져 있었지요.

그 집 하인들은 자기집 감인 것처럼 맛있게 따 먹었어요.

그러자 화가 난 오성은 옆집으로 가 대감의 방 문 [門] 속으로 주먹을 '뺑' 넣었어요.

"웬 놈이냐?" 대감은 성난 목소리로 소리쳤어요.

"옆집 사는 오성입니다. 버릇없지만 한 가지 여쭙겠습니다.

이 손이 대감 방 안에 들어갔다고 대감의 것이 됩니까 [化] ?"

"에끼 이 녀석아. 그건 네 손이지, 어찌 내 손 [手] 이 되느냐?"

"그럼, 이 댁으로 넘어온 감나무는 누구네 것입니까?"

"그건 물론 너희 감나무지."

"그런데 왜 허락도 없이 남의 감을 따먹습니까?"

대감은 오성의 말 [言] 을 알아차리고 덥석 안으며 말했어요.

"허허허, 녀석, 내가 졌구나. 넌 장차 큰 인물이 될 게야!"

〈보기〉 文 化 木 門 手 才 言

• 전래 동화나 재미있는 이야기를 통하여 지금까지 학습한 한자를 문장 속에 적용하여 봅니다.

 풀어보기

● 한자의 뜻과 소리를 쓰세요.

 뜻: _____ 소리: _____

 뜻: _____ 소리: _____

 뜻: _____ 소리: _____

 뜻: _____ 소리: _____

● 바르게 연결하세요.

 ·   · 言

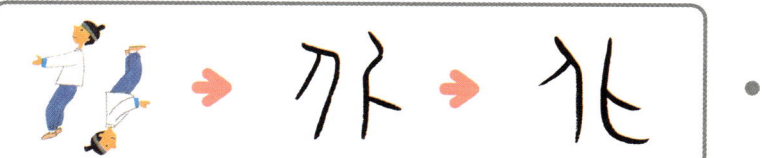 ·   · 才

 ·   · 化

 ·   · 文

● 빈 칸에 알맞은 한자를 쓰세요.

　　* 공룡 박물관에 가서 [화] [석]석 을 보았습니다.

　　* 그는 어릴 적부터 [천]천 [재]재 라는 소리를 들었습니다.

　　* 요즘에는 금방 지울 수 있는 예쁜 [문] [신]신 을 많이 합니다.

　　* 올해 대학을 졸업한 삼촌은 [언] [론]론 [사]사 에 취직을 했습니다.

● 뜻·소리에 알맞은 한자를 쓰세요.

글월 문					
될 화					
말씀 언					
재주 재					

부수 이야기 1

부수 - 田 총 - 7획

여러분이 한자를 익힐 때 아주 흔히 볼 수 있는 부수란 무엇일까요?

한글은 ㄱ, ㄴ, ㄷ, ㄹ 등의 자음과 ㅏ, ㅑ, ㅓ, ㅕ 등의 모음으로 이루어져 있습니다.

또 영어를 공부하려면 알파벳을 알아야 합니다.

이와 마찬가지로 한자를 이루는 기본 요소가 부수입니다.

부수(部首)는 자전에서 글자를 찾는데 편리하도록 분류하여
나타낸 자획의 공통 부분입니다.

모르는 한자를 찾을 때 부수를 이용하여 한자를 찾을 수 있습니다.

한자를 모아 놓은 사전을 자전 (또는 옥편)이라 합니다.

자전은 수많은 한자를 214자의 공통점이 있는 글자들끼리 분류하고 묶어서 정리하여 놓은 책입니다.

바로 이 214자의 한자가 부수입니다.

그래서 모르는 한자가 나왔다하더라도 부수를 보면 대강의 뜻을 짐작할 수도 있습니다.

그럼 부수에 대해 알아보도록 할까요?   -계속-

해답

C1집 1a-12a

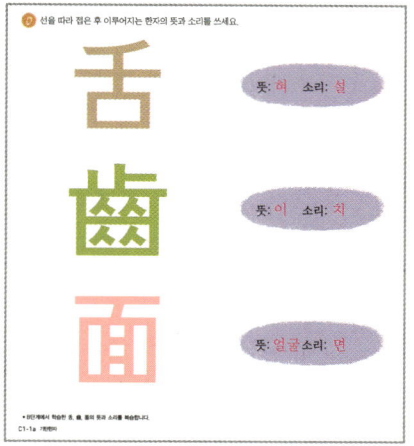
1a

1b

3a

3b

4a

4b

5a

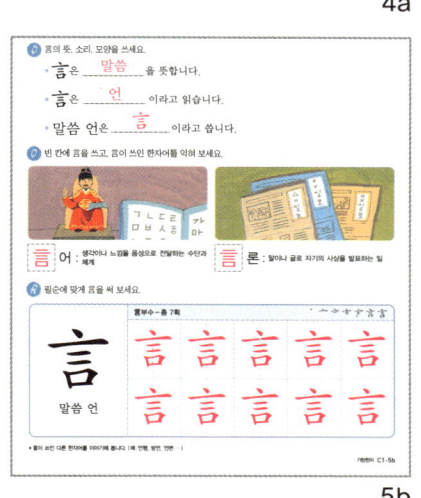
5b

6a

기탄한자 C1-11b

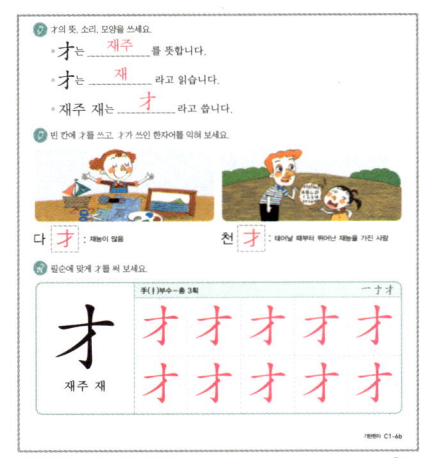
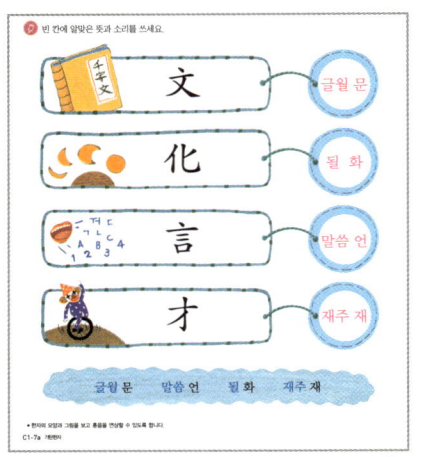

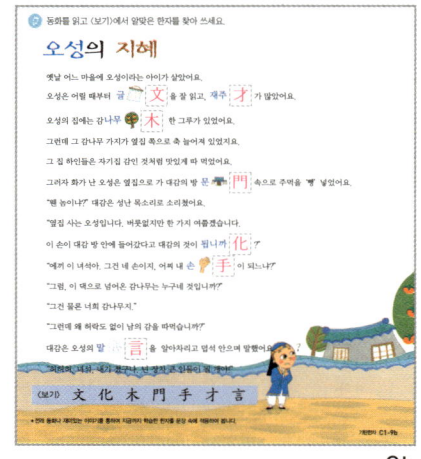

기탄한자 **C1** 집 1호 한자 카드

文

化

言

才

 될 화

 글월 문

 재주 재

 말씀 언

文人

化石

言語

天才

화석
동식물의 유해 및 유물이
암석 속에 남아 있는 것

化 : 될 화　石 : 돌 석

문인
문예 창작에
종사하는 사람

文 : 글월 문　人 : 사람 인

천재
태어날 때부터 뛰어난
재능을 가진 사람

天 : 하늘 천　才 : 재주 재

언어
생각이나 느낌을 음성으로
전달하는 수단과 체계

言 : 말씀 언　語 : 말씀 어

 기탄한자 **C1** 집 1a~12a

1b

2a
才 재주 재   化 될 화

2b
言 말씀 언   文 글월 문

3a

文

4a

化

5a

言

6a

才

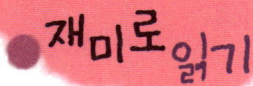

펴낸이 : 정지향
펴낸곳 : (주)기탄교육
기획·편집·디자인 : 기탄교육연구소
주소 : 06698 서울특별시 서초구 효령로 40 기탄출판센터
등록 : 제2000-000098호
전화 : (02) 586-1007
팩스 : (02) 586-2337

※서점에 갈 시간이 없거나 구하기 어려운 분은 인터넷 또는 전화로 신청하세요. 즉시 우송해 드립니다.
● www.gitan.co.kr

ⓒ (주)기탄교육 All rights reserved.
저작권자의 동의 없이 본 교재를 무단으로 복제하거나 전재하는 것을 금합니다.

받아쓰기

- 엄마가 뜻·소리를 부르고 아이가 한자를 써 보도록 합니다.

1호에서 배운 한자를 다시 한번 써 보세요.

文	文	文	文	文	文
글월 문					

化	化	化	化	化	化
될 화					

言	言	言	言	言	言
말씀 언					

才	才	才	才	才	才
재주 재					

C1집
13a-24a

2 호

기탄한자 C단계 1집 13a~24a

그림으로 익히고 놀이로 기억하는 입체 한자 학습 프로그램

기탄®한자

C1집
2호
13a-24a

공부한 날 월   일 ~ 월   일
         (원)교   반
이름   전화

www.gitan.co.kr

기탄교육

 **C단계**에서 배울 한자입니다.

C단계							
1집	文, 化, 言, 才	2집	出, 入, 內, 外	3집	天, 地, 江, 河	4집	君, 臣, 兵, 卒
	兄, 弟, 交, 友		去, 來, 立, 坐		毛, 皮, 角, 蟲		方, 向, 左, 右
	多, 少, 血, 肉		光, 明, 行, 步		古, 今, 衣, 食		本, 末, 分, 合
	복습		복습		복습		복습

※ 매주마다 학습한 한자를 누적하여 읽어 보세요.

학습진단 관리표

	훈음 읽기	훈음 쓰기	한자 쓰기	한자어 읽기	이번 주는?			
금주평가	Ⓐ 아주 잘함	Ⓐ 아주 잘함	Ⓐ 아주 잘함	Ⓐ 아주 잘함	● 학습방법	❶ 매일매일	❷ 가끔	❸ 한꺼번에 하였습니다.
	Ⓑ 잘함	Ⓑ 잘함	Ⓑ 잘함	Ⓑ 잘함	● 학습태도	❶ 스스로 잘	❷ 시켜서 억지로 하였습니다.	
	Ⓒ 보통	Ⓒ 보통	Ⓒ 보통	Ⓒ 보통	● 학습흥미	❶ 재미있게	❷ 싫증내며 하였습니다.	
	Ⓓ 노력해야 함	Ⓓ 노력해야 함	Ⓓ 노력해야 함	Ⓓ 노력해야 함	● 교재내용	❶ 적합하다고	❷ 어렵다고	❸ 쉽다고 하였습니다.

지도 교사가 부모님께	부모님이 지도 교사께

종합평가	Ⓐ 아주 잘함	Ⓑ 잘함	Ⓒ 보통	Ⓓ 노력해야 함

이번 주에는 兄 (형 형), 弟 (아우 제), 交 (사귈 교), 友 (벗 우)를 배워요.

 1일차 13a~14b
- 지난 호에서 학습한 文, 化, 言, 才를 복습합니다.
- 동화를 읽고 兄, 弟, 交, 友의 뜻과 소리를 알아봅니다.
- 한자 카드나 받아쓰기로 앞서 배운 한자를 복습합니다.

 2일차 15a~16b
- 兄, 弟의 뜻, 소리, 자원, 한자어, 필순을 익힙니다.
- 兄의 훈음은 '맏 형', '형 형', 弟의 훈음은 '아우 제', '동생 제' 모두 통용됩니다.

 3일차 17a~18b
- 交, 友의 뜻, 소리, 자원, 한자어, 필순을 익힙니다.
- 해당 한자로 이루어진 한자어를 실생활 속에서 찾아 보도록 합니다. 예:교차로, 교우, 우정, 우애…

 4일차 19a~21b
- 20a에서 자원을 보고 한자를 떠올리지 못하면 한자 카드를 보고 쓰도록 합니다.
- 동화책이나 신문 등의 문장에서 알고 있는 한자로 바꿔쓰면 효과적입니다.

 5일차 22a~24a
- 풀어보기를 통해 兄, 弟, 交, 友 학습을 마무리합니다.
- 한자 보따리에서 부수와 몸에 대해 익힙니다.
- 재미로 읽기를 통해 한 주의 학습을 흥미롭게 마무리합니다.

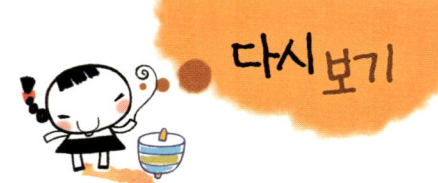

다시 보기

선을 따라 접은 후 이루어지는 한자의 뜻과 소리를 쓰세요.

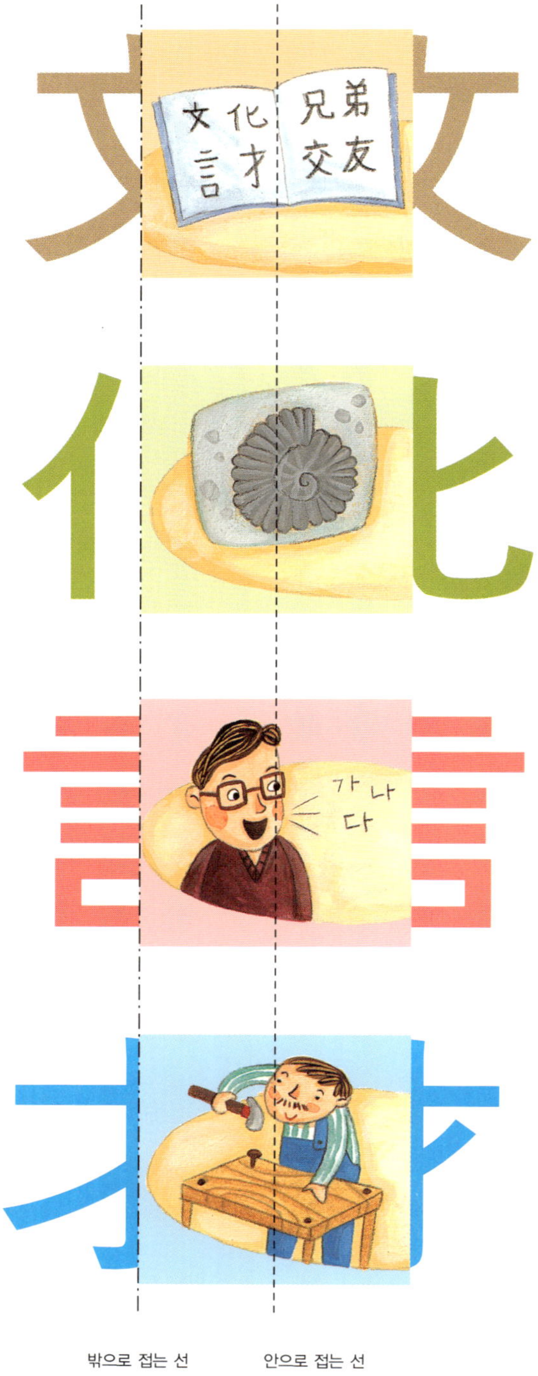
文 化
言 才
兄 弟
交 友
가
나
다
밖으로 접는 선
안으로 접는 선

뜻: 소리:

뜻: 소리:

뜻: 소리:

뜻: 소리:

• 선을 따라 접어서 만들어진 한자의 뜻과 소리를 복습합니다.

🗂 빈 곳에 스티커를 붙이고 빈 칸에 알맞게 쓰세요.

| | 될 화 | | |

| | 글월 문 | | |

| | 말씀 언 | | |

| | 재주 재 | | |

化 文 才 言

● 지난 호에서 익힌 文, 化, 言, 才의 필순에 유의하며 씁니다.

동화를 읽고 같은 모양의 한자를 찾아 스티커를 붙이세요.

형제와 금덩이

옛날에 의좋은 형제가 살았어요.
형(兄)은 동생을 때로는 아버지처럼, 때로는 친구(友)처럼 보살펴 주었고
동생(弟)도 형을 잘 따랐어요.
어느 날 길을 가던 형제는 멀리서 반짝이는 것을 보았어요.
"아니 저게 뭐죠? 형님!"
"저건 금덩어리가 아니냐!"
"형님, 이제 우린 부자가 되었어요."

• 동화를 읽고 형, 아우, 사귀다, 친구를 뜻하는 한자 스티커를 붙여 봅니다.

금덩이를 주운 형제는 배를 타고 강을 건너고 있었어요.

금덩이를 주운 기쁨도 사라지고 형제는 각자 생각에 잠겨 있었어요.

그러던 중 형이 갑자기 금덩이를 강물에 풍덩 던져 버렸어요.

"형님! 왜 금덩이를 강물에 던지시는 겁니까?"

"금덩이가 없을 때는 너와의 **사귐(交)**이 좋았는데,

이 금덩이가 생긴 후로 자꾸 혼자서 갖고 싶은 욕심이 생겼다. 그래서 던져 버렸다."

동생도 눈물을 흘리며 금덩이 때문에 생긴 욕심을 뉘우쳤어요.

그 후로 형제는 더욱 우애가 깊어지고 행복하게 살았답니다.

• 도입 단계이므로 배우게 될 한자에 흥미를 갖게 합니다.

兄 알아보기

🔊 빈 곳에 알맞은 스티커를 붙이고 한자의 뜻과 소리를 읽어 보세요.

뜻 : 형   소리 : 형

📝 兄이 만들어진 유래를 알아보고 한자 스티커를 붙이세요.

걷는 사람(儿) 모양 위에 크게 벌린 입(口)을 덧붙여 형(兄)이란 뜻을 나타낸 한자입니다.

✏️ 순서대로 써 보세요.

• 앞서 배운 人(儿)과 口를 기억하고 있는지 확인합니다. 儿은 人(사람 인)이 변형된 모양입니다.

- 兄의 뜻, 소리, 모양을 쓰세요.

  - 兄은 _____ 을 뜻합니다.
  - 兄은 _____ 이라고 읽습니다.
  - 형 형은 _____ 이라고 씁니다.

- 빈 칸에 兄을 쓰고, 兄이 쓰인 한자어를 익혀 보세요.

☐ 제 : 형과 아우

학부 ☐ : 취학 중의 아동이나 학생의 부형

- 필순에 맞게 兄을 써 보세요.

儿 부수 – 총 5획

- 兄은 '맏(같은 항렬에서 손위로서 첫째를 뜻하는 말)'을 뜻하기도 합니다.

 弟 알아보기

🔊 빈 곳에 알맞은 스티커를 붙이고 한자의 뜻과 소리를 읽어 보세요.

뜻: 아우   소리: 제

📄 弟가 만들어진 유래를 알아보고 한자 스티커를 붙이세요.

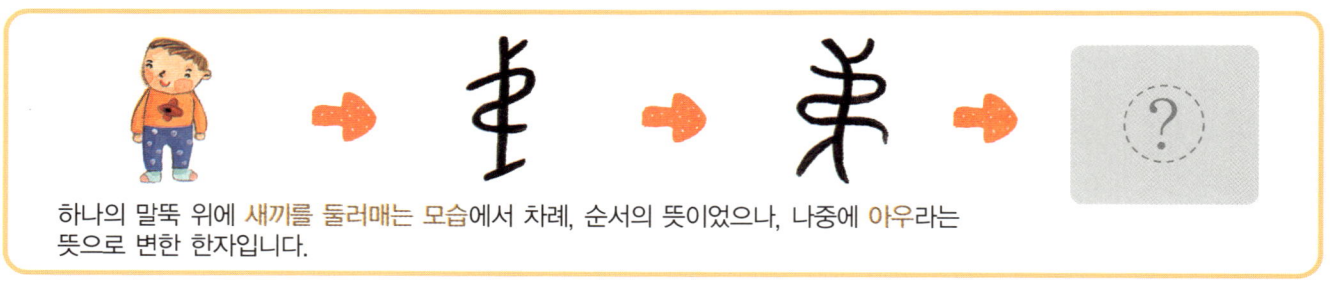

하나의 말뚝 위에 새끼를 둘러매는 모습에서 차례, 순서의 뜻이었으나, 나중에 아우라는 뜻으로 변한 한자입니다.

✏️ 순서대로 써 보세요.

- 弟는 처음에는 '차례, 순서'의 뜻이었으나 후에 '아우'의 뜻이 되었고, 지금은 第(제)가 '차례'의 뜻으로 쓰입니다.

📝 弟의 뜻, 소리, 모양을 쓰세요.

- 弟는 _____ 를 뜻합니다.
- 弟는 _____ 라고 읽습니다.
- 아우 제는 _____ 라고 씁니다.

📝 빈 칸에 弟를 쓰고, 弟가 쓰인 한자어를 익혀 보세요.

의형 ☐ : 남남끼리 의리로써 형제 관계를 맺음

☐ 자 : 스승의 가르침을 받거나 받은 사람

📝 필순에 맞게 弟를 써 보세요.

弓부수 – 총 7획

弟
아우 제

• 弟는 '동생, 제자'의 뜻도 있습니다.

기탄한자 C1-16b

交 알아보기

🔊 빈 곳에 알맞은 스티커를 붙이고 한자의 뜻과 소리를 읽어 보세요.

뜻: 사귈   소리: 교

📝 交가 만들어진 유래를 알아보고 한자 스티커를 붙이세요.

사람이 두 다리를 엇갈리게 하여 앉아 있는 모습입니다. 엇갈리다, 사귀다의 뜻으로 쓰입니다.

✏️ 순서대로 써 보세요.

• 交의 뜻은 '엇갈리다, 교차하다'의 뜻으로도 쓰입니다. 예 : 교차로, 교통

- 交의 뜻, 소리, 모양을 쓰세요.

  - 交는 _____ 을(를) 뜻합니다.
  - 交는 _____ 라고 읽습니다.
  - 사귈 교는 _____ 라고 씁니다.

- 빈 칸에 交를 쓰고, 交가 쓰인 한자어를 익혀 보세요.

☐ 통 : 탈 것을 이용하여 사람이나 짐이 한곳에서 다른 곳으로 오가는 일

외 ☐ : 국가간에 서로 관계를 맺는 일

- 필순에 맞게 交를 써 보세요.

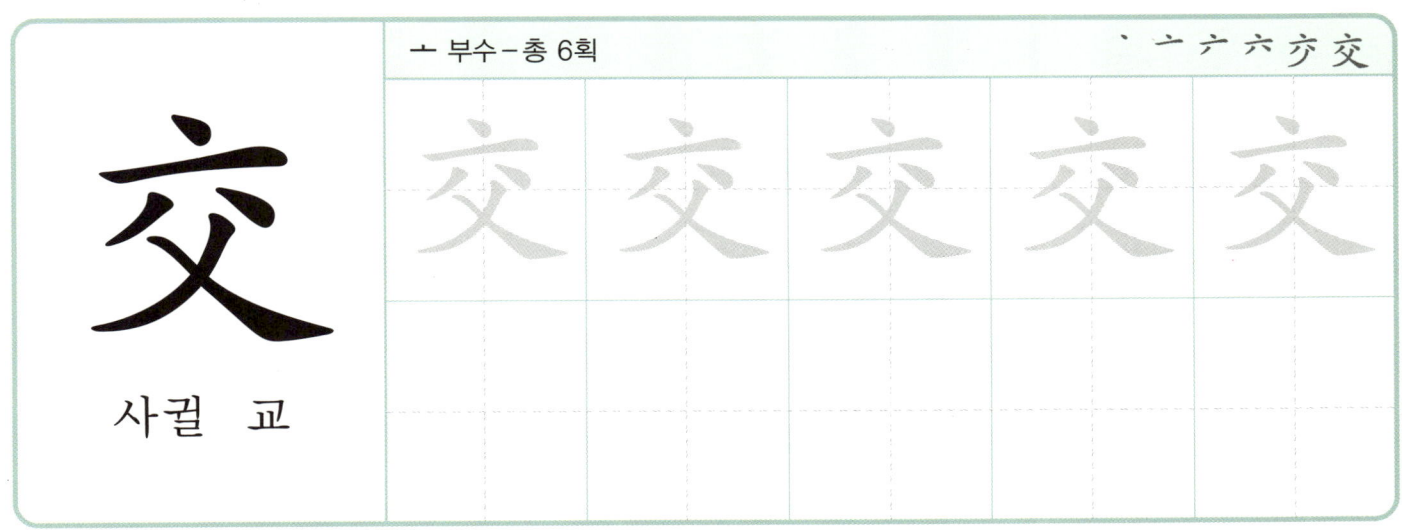

亠 부수 - 총 6획

丶 一 亠 六 亣 交

交 사귈 교

- 交와 文(글월 문)을 구별하도록 합니다.

友 알아보기

🔊 빈 곳에 알맞은 스티커를 붙이고 한자의 뜻과 소리를 읽어 보세요.

뜻: 벗   소리: 우

📝 友가 만들어진 유래를 알아보고 한자 스티커를 붙이세요.

두 사람의 오른손이 한 곳에 모여있는 모습에서 친구, 벗이란 뜻으로 쓰이게 된 한자입니다.

✏️ 순서대로 써 보세요.

● 친구의 뜻을 가지고 있는 한자로는 朋(벗 붕)도 있습니다.

📝 友의 뜻, 소리, 모양을 쓰세요.

- 友는 _____ 을(를) 뜻합니다.
- 友는 _____ 라고 읽습니다.
- 벗 우는 _____ 라고 씁니다.

📝 빈 칸에 友를 쓰고, 友가 쓰인 한자어를 익혀 보세요.

교 [ ] : 벗과 사귐, 또는 사귀는 벗

전 [ ] : 병영 생활을 함께 하는 동료 군인

📝 필순에 맞게 友를 써 보세요.

又부수 - 총 4획   一 ナ 方 友

友
벗 우

• 友는 친구라는 뜻 이외에도 서로 '사이가 좋다'는 뜻으로도 쓰입니다.

다지기

📜 빈 칸에 알맞은 뜻과 소리를 쓰세요.

兄

友

交

弟

사귈 교   아우 제   형 형   벗 우

• 그림을 보고 한자의 뜻과 소리를 떠올릴 수 있도록 합니다.

한자를 필순에 맞게 쓰세요.

형 형

아우 제

사귈 교

벗 우

● 交의 필순에서 5획과 6획에 유의하여 익힙니다.

🖊 자원을 보고 빈 칸에 알맞게 쓰세요.

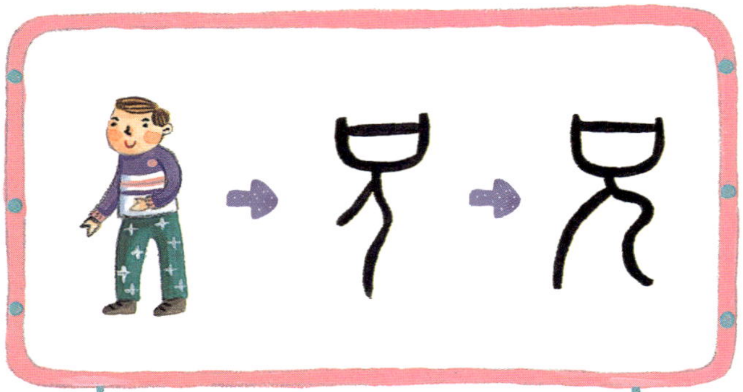

	뜻 : 형 소리 : 형

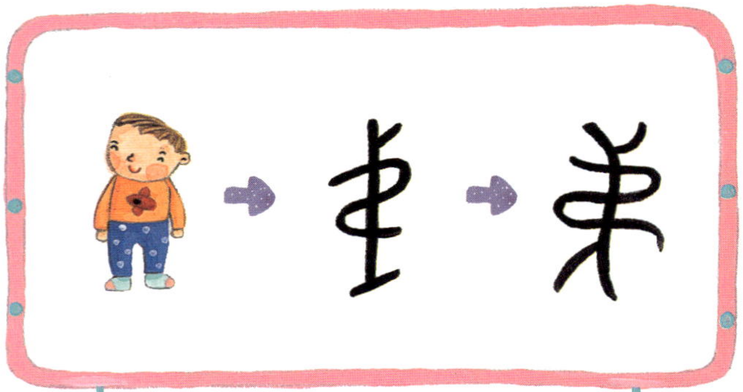

弟	뜻 : 소리 :

友	뜻 : 소리 :

	뜻 : 사귈 소리 : 교

• 자원을 보고 한자를 떠올리지 못하면 한자 카드를 보고 쓰도록 합니다.

그림을 보고 알맞은 한자를 찾아 ○ 하세요.

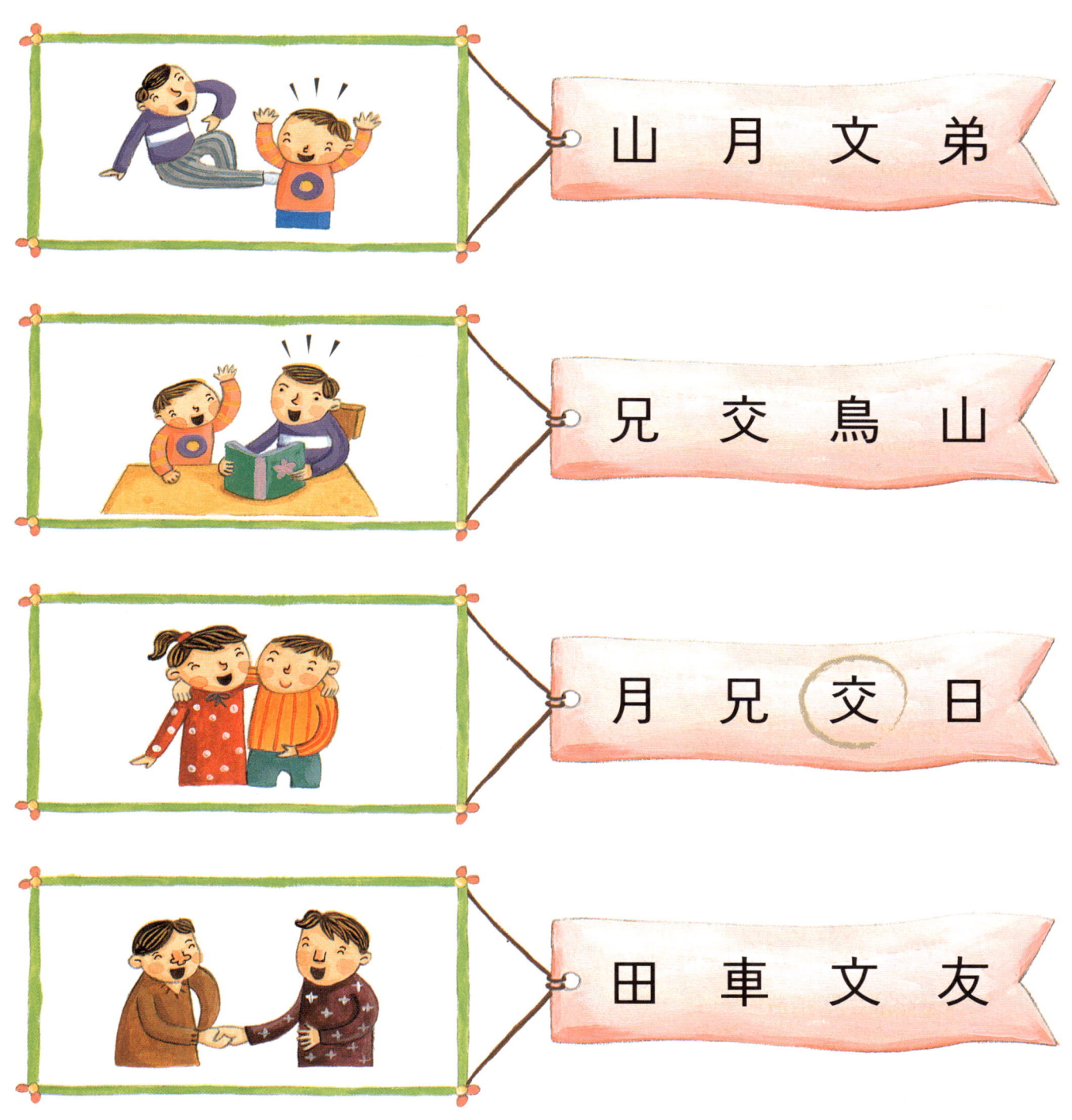

🥕 빈 칸에 알맞은 한자를 쓰세요.

兄 弟 交 友

• 상황 그림 속에서 형, 아우, 사귐, 친구의 뜻을 먼저 찾고 해당하는 한자를 쓰도록 합니다.

📝 동화를 읽고 〈보기〉에서 알맞은 한자를 찾아 쓰세요.

재주 많은 삼형제

재주 才 가 한 가지씩 있는 삼형제 [三][兄][弟] 가 살고 있었어요.

첫째는 눈 [目] 이 밝아서 무엇이든 다 보고,

둘째는 힘 [力] 이 세서 무엇이든 다 들고,

셋째는 참을성이 많아서 어떤 일이든 다 참아냈어요.

어느 해 마을에 흉년이 들었어요.

삼형제가 산 [山] 위로 올라갔어요.

첫째가 여기저기 둘러보니 원님네 곳간만 쌀이 가득했어요.

그래서 둘째가 원님네 곳간에서 쌀을 가져다 마을 [里] 사람들에게 나누어 주었어요.

이튿날 원님이 화가 나서 도둑을 찾았어요.

막내가 나서서 곤장을 다 맞았어요.

마을 사람들은 삼형제를 칭찬했어요.

〈보기〉 山 目 才 力 三 里 兄 弟

● 앞서 배운 한자를 기억하지 못하면 한자 카드에서 찾아 복습합니다.

 풀어보기

● 한자의 뜻과 소리를 쓰세요.

 뜻: _____ 소리: _____

 뜻: _____ 소리: _____

 뜻: _____ 소리: _____

 뜻: _____ 소리: _____

● 바르게 연결하세요.

   · · 友

   · · 弟

   · · 兄

   · · 交

● 빈 칸에 알맞은 한자를 쓰세요.

* 할아버지께서는 항상 [형] [제]간의 우애를 강조하셨습니다.

* 영환이의 장래 희망은 [외] [교] [관]이 되는 것입니다.

* 어제는 온 가족이 [전] [우]라는 영화를 보았다.

* 세 사람은 복숭아밭에서 [의] [형] [제]를 맺었다.

● 뜻·소리에 알맞은 한자를 쓰세요.

형 형					
아우 제					
사귈 교					
벗 우					

부수 이야기 2

부수를 알면 한자를 공부하는데 매우 편리합니다.
모르는 한자가 나왔다하더라도 부수를 보면 대략의 뜻을 짐작할 수 있습니다.
대부분의 한자는 부수와 몸(부수를 제외한 나머지 부분)으로 구분되어 있습니다.

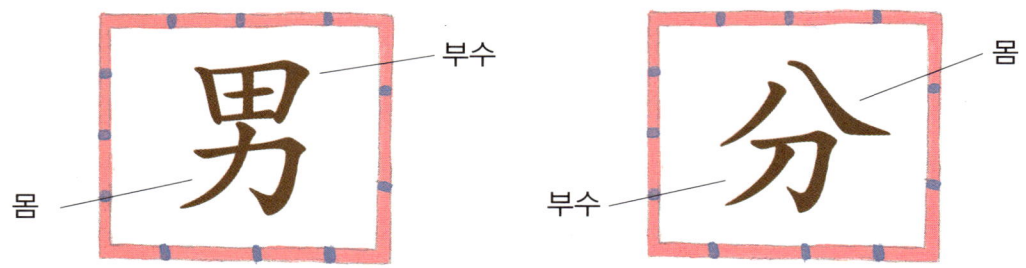

예를 들어 雲, 明, 楓, 忠 등의 모르는 한자가 있을 때
이런 경우 雨, 日, 木, 心이 부수임을 알고 있다면 대충의 뜻을 짐작할 수 있습니다.

雲	비와 관련이 있는 한자구나! 비가 내리기 전의 구름을 뜻하는 〈구름 운〉	明	해와 관련이 있는 한자구나! 해가 있으니 환하겠지 〈밝을 명〉
楓	나무와 관련이 있는 한자구나! 바람에 흔들거리는 단풍나무 〈단풍나무 풍〉	忠	마음과 관련이 있는 한자구나! 마음 속에 중심을 세워야지 〈충성 충〉

-계속-

 해답  C1집 13a-24a

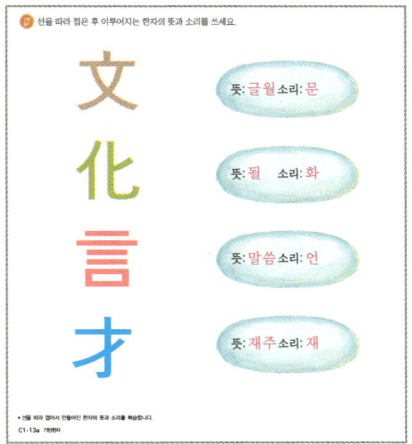
13a

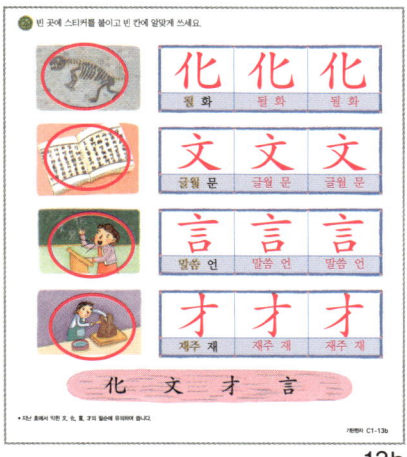
13b

15a

15b

16a

16b

17a

17b

18a

기탄한자 **C1-23b**

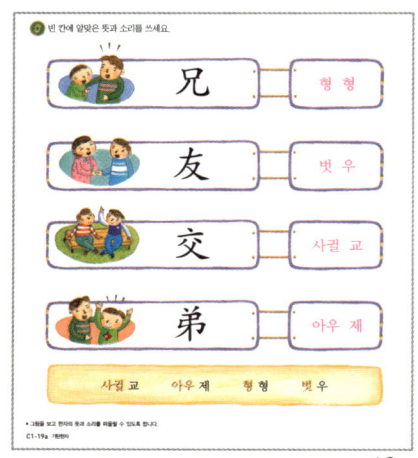

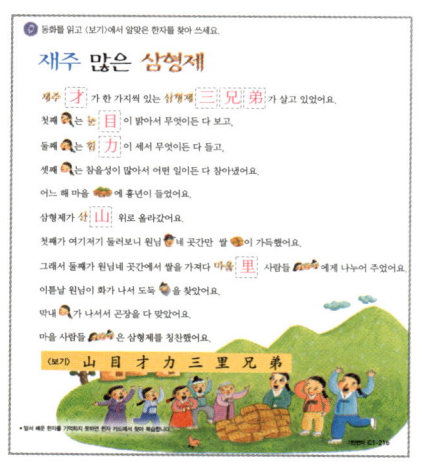
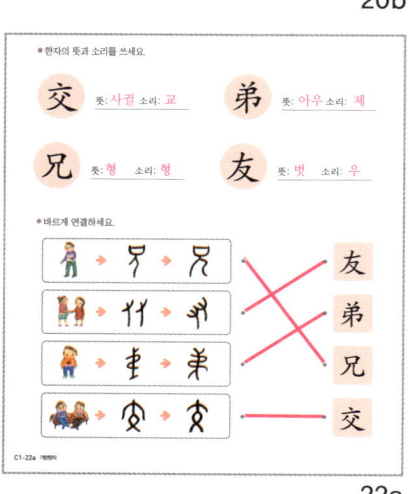

기탄한자 C1 집 2호 한자 카드

兄

弟

交

友

기탄한자 C1집 2호 한자 카드

아우 제

기탄한자 C1집 2호

형 형

기탄한자 C1집 2호

벗 우

기탄한자 C1집 2호

사귈 교

기탄한자 C1집 2호

兄弟

弟子

外交

戰友

제자

스승의 가르침을
받거나 받은 사람

弟 : 아우 제자 제   子 : 아들 자

형제

형과 아우

兄 : 형 형   弟 : 아우 제자 제

전우

병영 생활을 함께 하는
동료 군인

戰 : 싸움 전   友 : 벗 우

외교

국가간에 서로 관계를
맺는 일

外 : 밖 외   交 : 사귈 교

 기탄한자 **C1** 집 13a~24a

13b

14a
友
벗 우

兄
형 형

14b
弟
아우 제

交
사귈 교

15a  兄

16a  弟

17a  交

18a  友

재미로 읽기

사귈 교 交

- 용만아, 너는 커서 뭐가 될거야?
- 응. 나는 외交관이 될거야!
- 외교관?
- 내가 워낙 말주변도 좋고, 사교성도 뛰어나잖니.
- 그러니까 나야말로 국가간의 분쟁을 해결하고, 국제 交류를 확대하는데 꼭 필요한 인재 아니겠어?
- 헤헤, 그럼 말야.

- 뭐? 너 대신 꽃분이한테 사귀자고 해달라고?
- 으응. 부탁이야. 국제 교류도 좋지만 친구의 인적교류를 넓히는 것도 의미있는 일 아니니?
- 좋아좋아. 내가 교섭을 해보지. 기대해!
- 고마워 넌 역시 나의 영원한 친구야! 화이팅!

하루
이틀
사흘

일주일후
- 이상하다. 왜 아직 소식이 없지?
- 혹시 거절당했나?
- 아무래도 용만이한테 직접 물어봐야겠다.
- 응!

뜨아아아아아......

- 배신자! 당장 절交야!

크~ 외교관의 길은 멀고도 험하구~

펴낸이 : 정지향
펴낸곳 : (주)기탄교육
기획·편집·디자인 : 기탄교육연구소
주소 : 06698 서울특별시 서초구 효령로 40 기탄출판센터
등록 : 제2000-000098호
전화 : (02) 586-1007
팩스 : (02) 586-2337

※서점에 갈 시간이 없거나 구하기 어려운 분은 인터넷 또는 전화로 신청하세요. 즉시 우송해 드립니다.
● www.gitan.co.kr

ⓒ (주)기탄교육 All rights reserved.
저작권자의 동의 없이 본 교재를 무단으로 복제하거나 전재하는 것을 금합니다.

받아쓰기

● 엄마가 뜻·소리를 부르고 아이가 한자를 써 보도록 합니다.

2호에서 배운 한자를 다시 한번 써 보세요.

| 兄 | 兄 | 兄 | 兄 | 兄 | 兄 |

형 형

| 弟 | 弟 | 弟 | 弟 | 弟 | 弟 |

아우 제

| 交 | 交 | 交 | 交 | 交 | 交 |

사귈 교

| 友 | 友 | 友 | 友 | 友 | 友 |

벗 우

기탄한자 C단계 1집 25a~36a

3호

그림으로 익히고 놀이로 기억하는 입체 한자 학습 프로그램

기탄® 한자

C1 집
3호
25a-36a

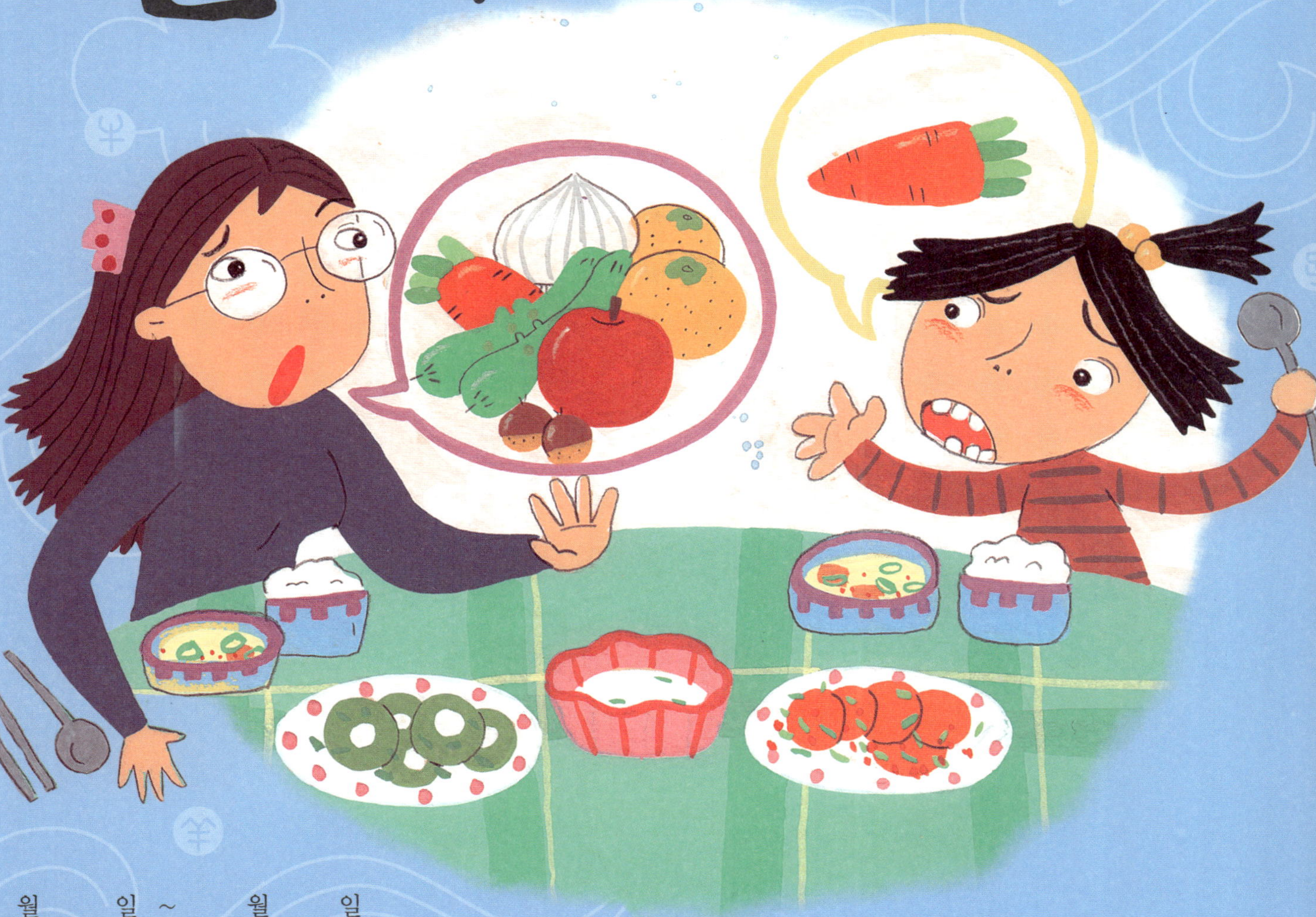

공부한 날   월   일 ~   월   일
(원)교   반
이름   전화

www.gitan.co.kr

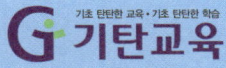
기탄교육

 **C단계**에서 배울 한자입니다.

	C단계						
1집	文, 化, 言, 才	2집	出, 入, 內, 外	3집	天, 地, 江, 河	4집	君, 臣, 兵, 卒
	兄, 弟, 交, 友		去, 來, 立, 坐		毛, 皮, 角, 蟲		方, 向, 左, 右
	多, 少, 血, 肉		光, 明, 行, 步		古, 今, 衣, 食		本, 末, 分, 合
	복습		복습		복습		복습

※ 매주마다 학습한 한자를 누적하여 읽어 보세요.

학습진단관리표

금주평가	훈음 읽기	훈음 쓰기	한자 쓰기	한자어 읽기	이번 주는?
	Ⓐ아주 잘함	Ⓐ아주 잘함	Ⓐ아주 잘함	Ⓐ아주 잘함	● 학습방법 ❶매일매일 ❷가끔 ❸한꺼번에 하였습니다.
	Ⓑ잘함	Ⓑ잘함	Ⓑ잘함	Ⓑ잘함	● 학습태도 ❶스스로 잘 ❷시켜서 억지로 하였습니다.
	Ⓒ보통	Ⓒ보통	Ⓒ보통	Ⓒ보통	● 학습흥미 ❶재미있게 ❷싫증내며 하였습니다.
	Ⓓ노력해야 함	Ⓓ노력해야 함	Ⓓ노력해야 함	Ⓓ노력해야 함	● 교재내용 ❶적합하다고 ❷어렵다고 ❸쉽다고 하였습니다.

지도 교사가 부모님께   부모님이 지도 교사께

종합평가	Ⓐ아주 잘함	Ⓑ잘함	Ⓒ보통	Ⓓ노력해야 함

이번 주에는 多 (많을 다), 少 (적을 소), 血 (피 혈), 肉 (고기 육)을 배워요.

 25a~26b
- 지난 호에서 학습한 兄, 弟, 交, 友를 복습합니다.
- 동화를 읽고 多, 少, 血, 肉의 뜻과 소리를 알아봅니다.
- 한자 카드나 받아쓰기로 앞서 배운 한자를 복습합니다.

 27a~28b
- 多, 少의 뜻, 소리, 모양, 필순, 한자어를 익힙니다.
- 少는 小(작을 소)와 구별하도록 합니다.
- 多少는 수량의 많고 적음에 쓰임을 이해하도록 합니다.

 29a~30b
- 血, 肉의 뜻, 소리, 모양, 필순, 한자어를 익힙니다.
- 자원 변화를 설명하고 한자 카드를 활용하며 학습하도록 합니다.

 31a~33b
- 33b의 동화에서 제시된 문항 이외에 한자로 변환할 수 있는 부분은 아이가 한자로 쓰도록 합니다.

 34a~36a
- 풀어보기를 통해 多, 少, 血, 肉의 학습을 마무리합니다.
- 한자 보따리에서 부수의 위치에 따른 명칭을 알아봅니다.
- 재미로 읽기를 통하여 한자를 흥미롭게 익힙니다.

다시 보기

✏️ 선을 따라 접은 후 이루어지는 한자의 뜻과 소리를 쓰세요.

한자	
兄	뜻:　　소리:
弟	뜻:　　소리:
姉	뜻:　　소리:
友	뜻:　　소리:

밖으로 접는 선　　안으로 접는 선

📄 동화를 읽고 같은 모양의 한자를 찾아 스티커를 붙이세요.

엄마와 불고기

지윤이는 맛있는 것만 먹으려고 해요.
김치, 파, 무, 양파, 당근 이런 채소들은 조금도 먹지 않아요.
"지윤아! 밥 먹자."
"네."
"흥, 이게 뭐야. 내가 좋아하는 불고기는 없잖아."
"지윤아, 고기(肉)만 많이 먹으면 안돼.
채소와 과일을 많이(多) 먹어야 건강하고 키도 크지."
"싫어. 싫어. 나는 고기만 많이 먹고 다른 것은 적게(少) 먹을거야. 나 밥 안 먹을래."
엄마는 하는 수 없이 시장에서 고기를 사 오셨어요.

● 이번 주에 학습할 多, 少, 血, 肉을 동화를 통하여 이해합니다. 大小는 크기에, 多少는 수량의 개념으로 쓰입니다.

소리가 들려요.

윙윙윙윙, 배를 갈아요. 쓱싹쓱싹, 양파를 썰어요.

"아앗!"

갑자기 엄마의 비명 소리가 들려요.

"엄마, 왜 그래요?"

엄마는 고기를 다지다 손가락을 베었어요.

손가락에서 피(血)가 많이 흘러요.

지윤이는 자기 때문에 엄마가 다친 것이 너무 무서웠어요.

"아~앙~."

울음을 터뜨리고 말았어요.

"엄마, 나 이제는 야채랑 과일 많이 먹고 고기는 조금만 먹을래."

엄마는 다정하게 웃으면서 지윤이를 꼭 껴안아 주셨어요.

● 도입단계이므로 배우게 될 한자에 흥미를 갖게 하고 쓰거나 암기하게 하지 않습니다.

🔊 빈 곳에 알맞은 스티커를 붙이고 한자의 뜻과 소리를 읽어 보세요.

뜻 : 많을   소리 : 다

📖 多가 만들어진 유래를 알아보고 한자 스티커를 붙이세요.

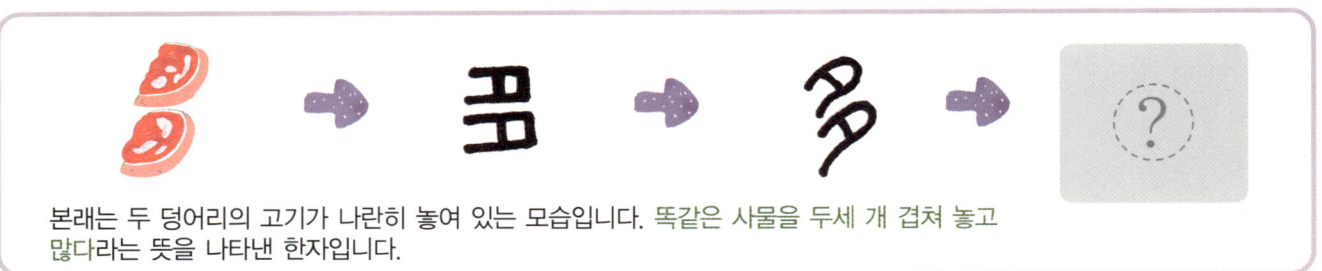

본래는 두 덩어리의 고기가 나란히 놓여 있는 모습입니다. 똑같은 사물을 두세 개 겹쳐 놓고 많다라는 뜻을 나타낸 한자입니다.

✏️ 순서대로 써 보세요.

● 多는 夕(저녁 석)이 두 개 겹친 것이라고 보는 견해도 있습니다.

✏️ 多의 뜻, 소리, 모양을 쓰세요.

- 多는 _____ 을(를) 뜻합니다.

- 多는 _____ 라고 읽습니다.

- 많을 다는 _____ 라고 씁니다.

✏️ 빈 칸에 多를 쓰고, 多가 쓰인 한자어를 익혀 보세요.

☐ 정 : 정이 많음, 매우 정다움

☐ 소 : 많고 적음

✏️ 필순에 맞게 多를 써 보세요.

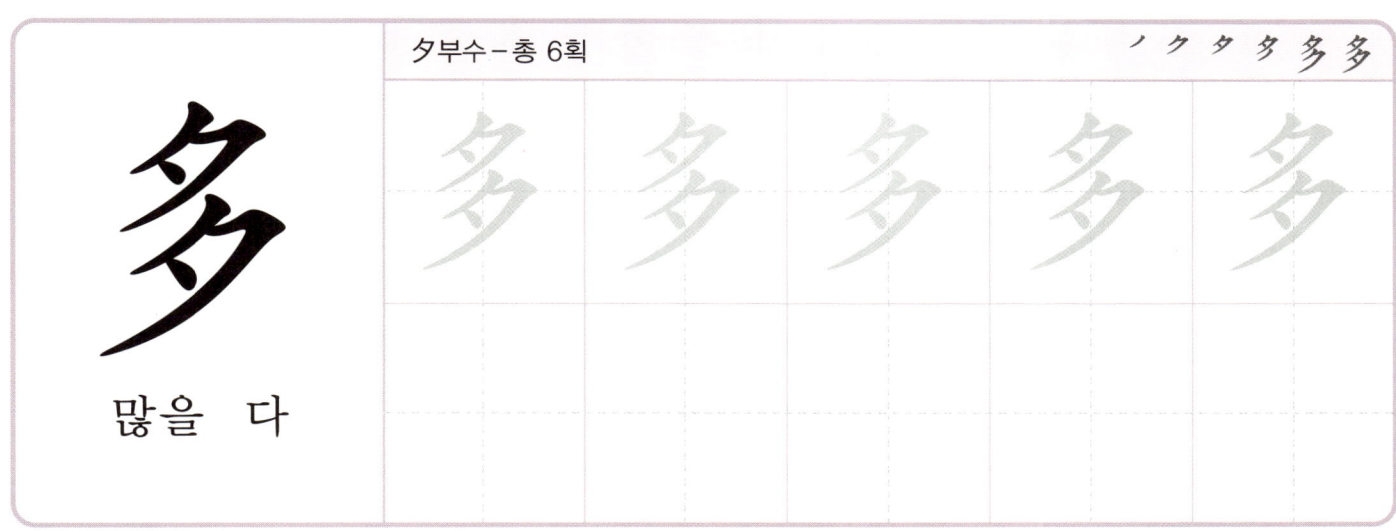

夕부수 – 총 6획   ノクタタ多多

多 많을 다

• 多(많다)와 大(크다)를 혼동하지 않도록 합니다.

少 알아보기

🔊 빈 곳에 알맞은 스티커를 붙이고 한자의 뜻과 소리를 읽어 보세요.

뜻: 적을   소리: 소

📝 少가 만들어진 유래를 알아보고 한자 스티커를 붙이세요.

본래 네 개의 작은 세로 점으로 작은 물건을 나타냈습니다. 후에 와서는 많지 않다 즉 적다라는 뜻이 되었습니다.

✏️ 순서대로 써 보세요.

● 少는 수량의 적음을 뜻하고, 小는 크기의 작음을 뜻합니다.

- 少의 뜻, 소리, 모양을 쓰세요.

    - 少는 _____ 을(를) 뜻합니다.
    - 少는 _____ 라고 읽습니다.
    - 적을 소는 _____ 라고 씁니다.

- 빈 칸에 少를 쓰고, 少가 쓰인 한자어를 익혀 보세요.

☐ 녀 : 아주 어리지도 않고 성숙하지도 않은 여자 아이

노 ☐ : 늙은이와 젊은이

- 필순에 맞게 少를 써 보세요.

小부수 – 총 4획

丿 小 小 少

少 적을 소

- 少는 '적다' 라는 뜻 이외에도 '젊다' 의 뜻으로도 쓰입니다.

血 알아보기

🔊 빈 곳에 알맞은 스티커를 붙이고 한자의 뜻과 소리를 읽어 보세요.

뜻 : 피   소리 : 혈

📖 血이 만들어진 유래를 알아보고 한자 스티커를 붙이세요.

그릇(皿) 안에 점(丶)이 있는 모습으로, 옛날에 제사 때 바치던 희생물의 피를 나타낸 한자입니다.

✏️ 순서대로 써 보세요.

• 血은 처음에는 제사 지낼 때 바치던 희생물의 피를 뜻하였으나 지금은 일반적인 피를 뜻합니다.

✏️ 血의 뜻, 소리, 모양을 쓰세요.

- 血은 _____ 를 뜻합니다.

- 血은 _____ 이라고 읽습니다.

- 피 혈은 _____ 이라고 씁니다.

✏️ 빈 칸에 血을 쓰고, 血이 쓰인 한자어를 익혀 보세요.

심 [ ] : 심장과 피, 즉 온갖 정신력

[ ] 육 : 피와 살. 자식

✏️ 필순에 맞게 血을 써 보세요.

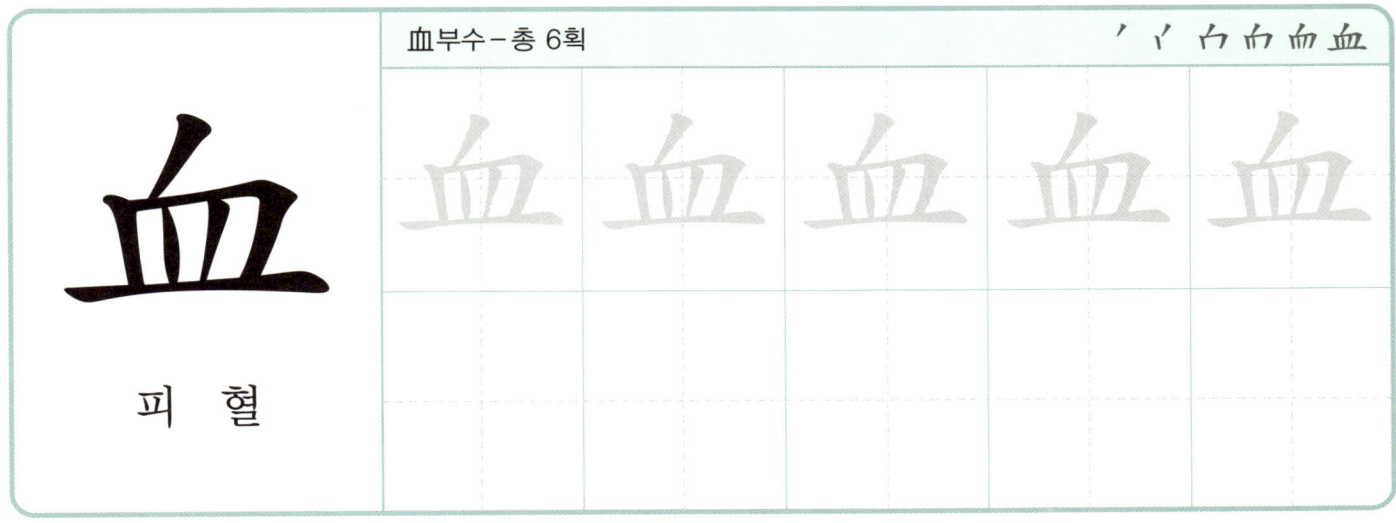

血부수 - 총 6획

피 혈

• 血은 皿(그릇 명)과 구별하도록 합니다.

肉 알아보기

🔊 빈 곳에 알맞은 스티커를 붙이고 한자의 뜻과 소리를 읽어 보세요.

뜻 : 고기   소리 : 육

📋 肉이 만들어진 유래를 알아보고 한자 스티커를 붙이세요.

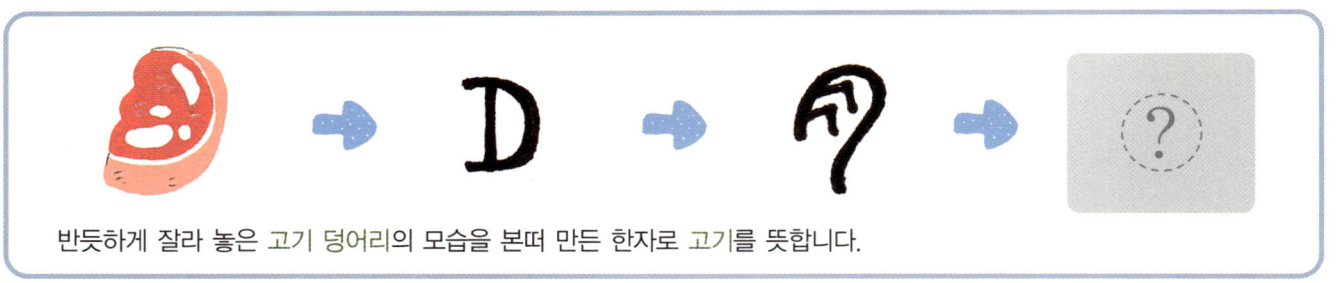

반듯하게 잘라 놓은 고기 덩어리의 모습을 본떠 만든 한자로 고기를 뜻합니다.

✏️ 순서대로 써 보세요.

● 肉이 부수로 쓰일 때는 月로 모양이 변합니다. 예 : 肝 (간 간), 育 (기를 육)

✏️ 肉의 뜻, 소리, 모양을 쓰세요.

- 肉은 _____ 를 뜻합니다.
- 肉은 _____ 이라고 읽습니다.
- 고기 육은 _____ 이라고 씁니다.

✏️ 빈 칸에 肉을 쓰고, 肉이 쓰인 한자어를 익혀 보세요.

☐ 식 : 고기를 먹음

☐ 신 : 사람의 몸

✏️ 필순에 맞게 肉을 써 보세요.

肉부수 - 총 6획   丨冂冂内肉肉

肉
고기 육

다지기

🍵 빈 칸에 알맞은 뜻과 소리를 쓰세요.

多	
少	
血	
肉	

적을 소   많을 다   피 혈   고기 육

• 모양이 비슷한 小(작을 소), 皿(그릇 명), 内(안 내)와 구별하면서 少, 血, 肉을 익힙니다.

📝 한자를 필순에 맞게 쓰세요.

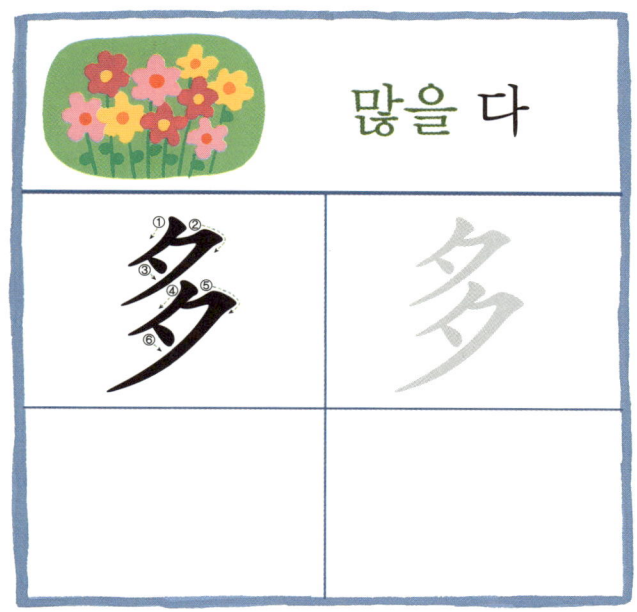

● 필순에 유의하여 써 봅니다.

그림을 보고 알맞은 한자를 찾아 ◯하세요.

기탄한자 C1-32b

🖊 빈 칸에 알맞은 한자를 쓰세요.

多 少 血 肉

• 상황 그림 속에서 먼저 한자의 뜻을 찾고 한자를 쓸 수 있도록 합니다.

동화를 읽고 〈보기〉에서 알맞은 한자를 찾아 쓰세요.

늑대와 황소 세 마리

배고픈 늑대가 들판에서 놀고 있는 황소 세 마리를 보았어요.

"앗, 황소 고기 [肉]다. 맛있겠군.

그런데 황소가 너무 많아서 [多] 잡아먹기 힘들겠는걸."

곰곰이 생각하던 늑대는 한 가지 꾀를 냈어요.

그리고는 물을 마시고 있는 황소 [牛] 한 마리에게 다가갔어요.

"황소님, 멋진 뿔을 가지셨네요.

그런데 다른 친구 [友] 들은 왜 황소님 흉을 보지요?"

그러자 황소가 화를 벌컥 냈어요. "정말? 친구들이 내 흉을 본다고? 나쁜 것들."

늑대는 신이 나서 다른 두 황소에게도 똑같은 거짓말을 했어요.

그러자 황소 세 마리가 자기들끼리 치고 받고 싸우기 시작했어요.

마침내 황소들은 피 [血] 를 흘리며 쓰러졌어요.

"헤헤. 어리석은 황소들! 내 거짓말에 속았구나!"

〈보기〉 肉 多 血 友 牛

● 한자의 뜻과 소리를 쓰세요.

 뜻: _____ 소리: _____

 뜻: _____ 소리: _____

 뜻: _____ 소리: _____

 뜻: _____ 소리: _____

● 바르게 연결하세요.

 →  · · 血

 →  · · 肉

 →  · · 多

 → →  · · 少

● 빈 칸에 알맞은 한자를 쓰세요.

　　*할아버지의 [혈]　[육]육 은 북한에 계신다.

　　*엄마는 [소]　[녀]녀 처럼 좋아하셨다.

　　*[다]　[소]소 차이가 있을거야.

　　*난 [육]　[식]식 을 즐기는 편이 아니다.

● 뜻·소리에 알맞은 한자를 쓰세요.

많을 다							
적을 소							
피 혈							
고기 육							

 漢字 보따리

부수 이야기 3

한자는 대부분 부수와 몸으로 이루어졌습니다.
그런데 부수와 몸으로 나눌 수 없는 한자 자체가 부수인 한자도 있습니다.
이런 한자를 제부수자라고 합니다.
대부분의 상형자들이(山, 川, 月, 日, 火, 木 등) 이에 속합니다.
제부수자를 제외하고 한자의 모양을 자세히 살펴보면
부수는 글자 내에서 일정한 위치를 차지하고 있습니다.
그러한 위치에 따라 다른 명칭이 각각 있습니다.

예를 들어 알아볼까요?

- 부수가 **왼쪽**에 있으면 **변**이라고 합니다.

住	姓	江
살 주	성씨 성	강 강

(亻: 사람인 변　　女: 계집녀 변　　氵: 물수 변)

- 부수가 **오른쪽**에 있으면 **방**이라고 합니다.

利	故	頭
이로울 리	연고 고	머리 두

(刂: 칼도 방　　攵: 등글월문 방　　頁: 머리혈 방)

- 계속 -

 해답

 C1집 25a-36a

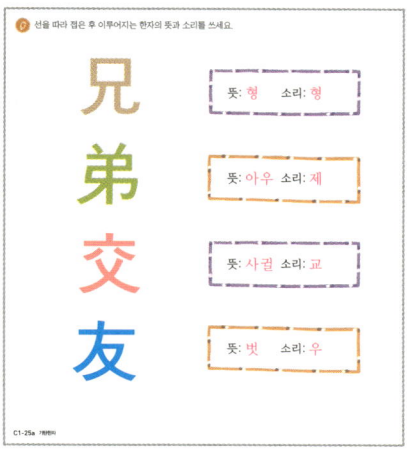

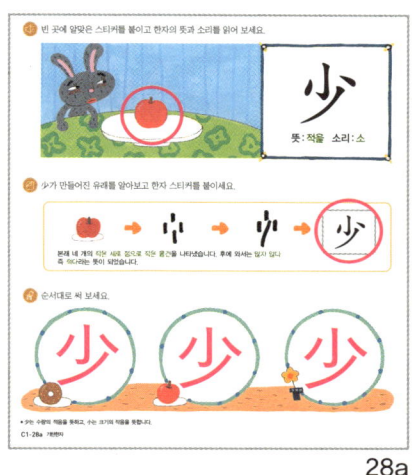

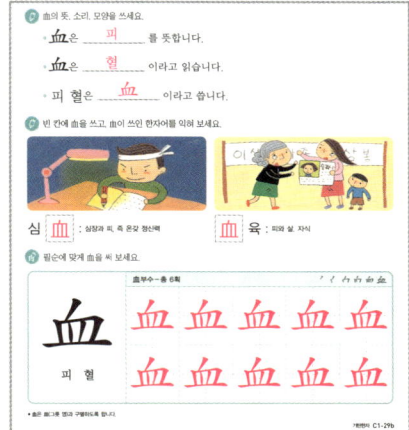

기탄한자 C1-35b

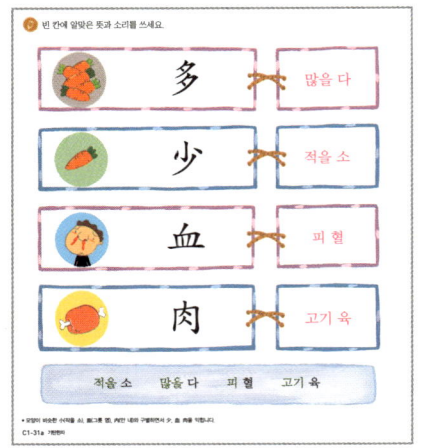

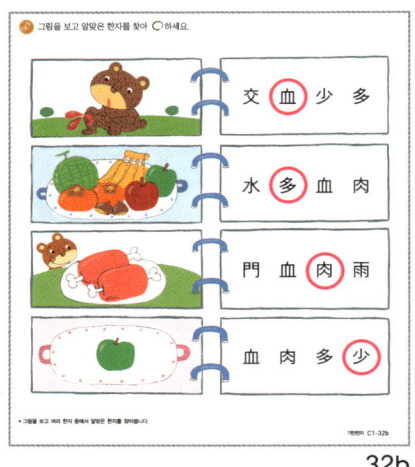

多

少

血

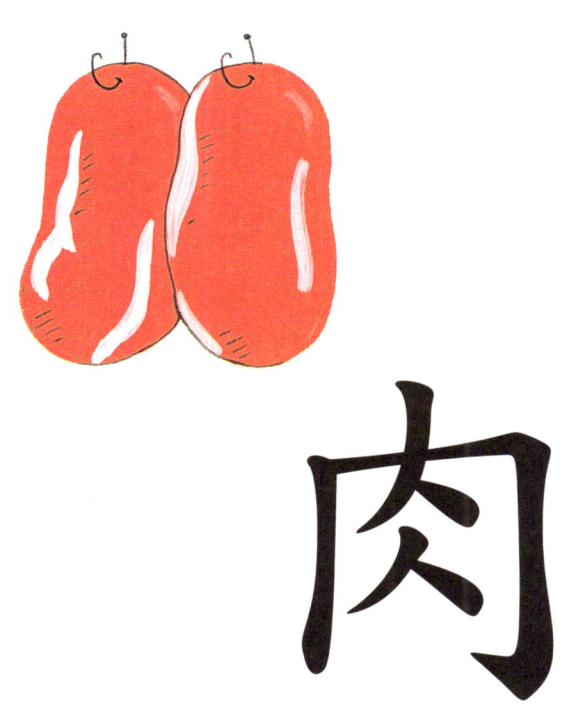

肉

| 少 적을 소 | 多 많을 다 |
| 肉 고기 육 | 血 피 혈 |

多情

少女

血肉

肉食

소녀
아주 어리지도 않고 성숙하지도 않은 여자 아이

少 : 적을 소   女 : 여자 녀

다정
정이 많음. 매우 정다움

多 : 많을 다   情 : 뜻 정

육식
고기를 먹음

肉 : 고기 육   食 : 먹을 식

혈육
피와 살. 자식

血 : 피 혈   肉 : 고기 육

25b

26a

多 많을 다　　少 적을 소

26b

血 피 혈　　肉 고기 육

27a

28a

多　　少

29a

　血

30a

　肉

 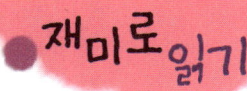 

펴낸이 : 정지향
펴낸곳 : (주)기탄교육
기획·편집·디자인 : 기탄교육연구소
주소 : 06698 서울특별시 서초구 효령로 40 기탄출판센터
등록 : 제2000-000098호
전화 : (02)586-1007
팩스 : (02)586-2337

※서점에 갈 시간이 없거나 구하기 어려운 분은 인터넷 또는 전화로 신청하세요. 즉시 우송해 드립니다.
● www.gitan.co.kr

ⓒ (주)기탄교육 All rights reserved.
저작권자의 동의 없이 본 교재를 무단으로 복제하거나 전재하는 것을 금합니다.

받아쓰기

● 엄마가 뜻·소리를 부르고 아이가 한자를 써 보도록 합니다.

3호에서 배운 한자를 다시 한번 써 보세요.

多	多	多	多	多	多
많을 다					

少	少	少	少	少	少
적을 소					

血	血	血	血	血	血
피 혈					

肉	肉	肉	肉	肉	肉
고기 육					

호

기탄한자 C단계 1집 37a~48a

그림으로 익히고 놀이로 기억하는 입체 한자 학습 프로그램

기탄 한자

C1집
4호
37a-48a

공부한 날   월   일 ~   월   일
_____
            (원)교   반
_____
이름   전화
_____

www.gitan.co.kr

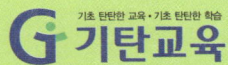
기초 탄탄한 교육·기초 탄탄한 학습
기탄교육

 **C단계**에서 배울 한자입니다.

	C단계						
1집	文, 化, 言, 才	2집	出, 入, 內, 外	3집	天, 地, 江, 河	4집	君, 臣, 兵, 卒
	兄, 弟, 交, 友		去, 來, 立, 坐		毛, 皮, 角, 蟲		方, 向, 左, 右
	多, 少, 血, 肉		光, 明, 行, 步		古, 今, 衣, 食		本, 末, 分, 合
	복습		복습		복습		복습

※ 매주마다 학습한 한자를 누적하여 읽어 보세요.

학습 진단 관리표

	훈음 읽기	훈음 쓰기	한자 쓰기	한자어 읽기	이번 주는?			
금주평가	Ⓐ아주 잘함	Ⓐ아주 잘함	Ⓐ아주 잘함	Ⓐ아주 잘함	● 학습방법	❶ 매일매일	❷ 가끔	❸ 한꺼번에 하였습니다.
	Ⓑ잘함	Ⓑ잘함	Ⓑ잘함	Ⓑ잘함	● 학습태도	❶ 스스로 잘	❷ 시켜서 억지로 하였습니다.	
	Ⓒ보통	Ⓒ보통	Ⓒ보통	Ⓒ보통	● 학습흥미	❶ 재미있게	❷ 싫증내며 하였습니다.	
	Ⓓ노력해야 함	Ⓓ노력해야 함	Ⓓ노력해야 함	Ⓓ노력해야 함	● 교재내용	❶ 적합하다고	❷ 어렵다고	❸ 쉽다고 하였습니다.

지도 교사가 부모님께 | 부모님이 지도 교사께

종합평가	Ⓐ아주 잘함	Ⓑ잘함	Ⓒ보통	Ⓓ노력해야 함

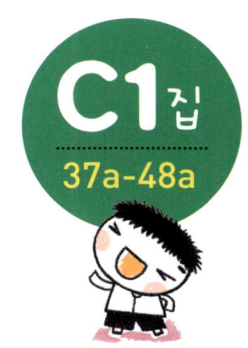

이번 주에는 **C1, C2, C3호**에서 배운 한자를 복습해요.

1일차 37a~38b
- C1집에서 배운 12자의 뜻, 소리를 읽어 봅니다.
- 한자의 훈음을 읽으면서 기억나지 않는 한자를 위주로 학습합니다.
- 한자 맞추기 놀이로 아이와 함께 놀아 줍니다.

2일차 39a~40a
- C2호에서 익힌 兄弟交友의 뜻, 소리, 한자어, 자원을 복습합니다.
- C단계부터는 학습 한자가 4자로 많아졌으니 어려워하는 경우에는 쓰기는 제외하고 훈음 알기 위주로 학습을 진행합니다.

3일차 40b~41b
- C3호에서 익힌 多少血肉의 뜻, 소리, 한자어, 자원을 복습합니다.
- 多少는 수량의 많고 적음에, 大小는 크기의 크고 작음에 쓰입니다.

4일차 42a~44b
- 12자의 한자를 재미있는 놀이 방법을 활용해서 기억하도록 합니다.
- 유난히 어려워하는 한자는 카드를 이용하여 지도합니다.

5일차 45a~48a
- 형성평가를 통해 C1집에서 배운 12자의 성취도를 평가합니다.
- 8세 미만의 경우는 훈음 읽기를 위주로 공부합니다.
- 형성평가 결과에 따라 적절한 보상과 동기유발을 해 줍니다.

복습해요

🔊 한자의 뜻과 소리를 말해 보세요.

● C1집 1호, 2호, 3호에서 배운 한자를 복습합니다. 모르는 한자는 한자 카드를 통해 복습합니다.

한번더! 文化言才

📋 어떤 한자를 배웠나요? 스티커를 붙이고 알맞은 한자를 쓰세요.

될 화	글월 문
말씀 언	재주 재

文 言 化 才

• C1집 1호에서 배운 한자를 복습합니다.

빈 칸에 알맞은 한자를 쓰세요.

아빠는 회사원이기도 하고
문 인
☐ 인 이기도 하다.

저 원숭이는 정말로
천 재
천 才 같아요.

여러 나라의
언 어
☐ 어 를 배워
다른 나라 사람과 이야기하고 싶다.

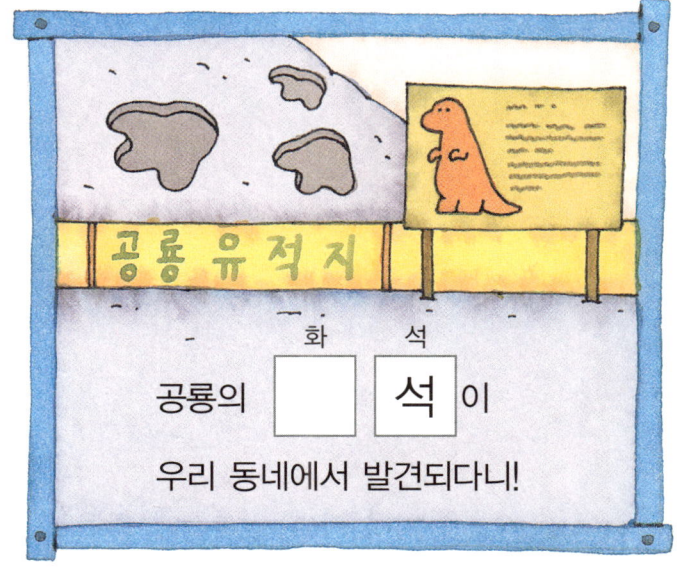

공룡의
화 석
☐ 석 이
우리 동네에서 발견되다니!

才　　化　　言　　文

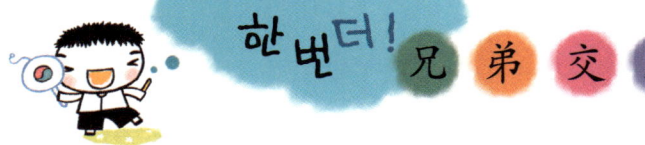

한번더! 兄 弟 交 友

어떤 한자를 배웠나요? 스티커를 붙이고 알맞은 한자를 쓰세요.

아우 제

형 형

사귈 교

벗 우

兄 弟 交 友

- C1집 2호에서 익힌 한자를 복습합니다.

동물이 설명하고 있는 한자는 무엇일까요? 빈 칸에 쓰세요.

• 한자의 자원은 다른 견해도 있음에 유의합니다.

빈 칸에 알맞은 한자를 쓰세요.

그 [형]兄 弟[제]는 정말 닮았다.

오늘부터 널 [제]弟 子[자]로 삼겠다.

난 커서 外[외] [교]交 官[관]이 되고 싶어요.

戰[전] [우]友라는 영화가 너무 슬펐어요.

友   弟   兄   交

한번더!

어떤 한자를 배웠나요? 스티커를 붙이고 알맞은 한자를 쓰세요.

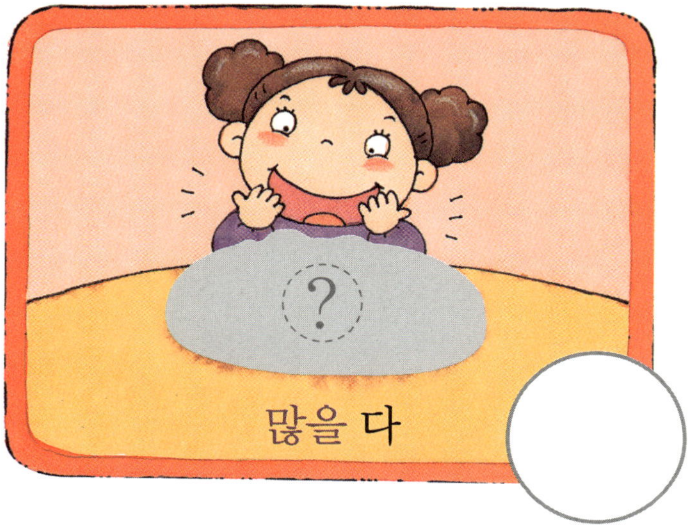

많을 다

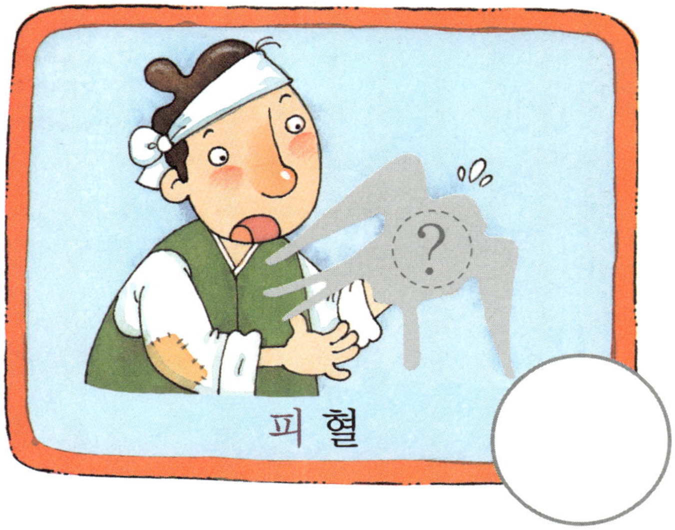

피 혈

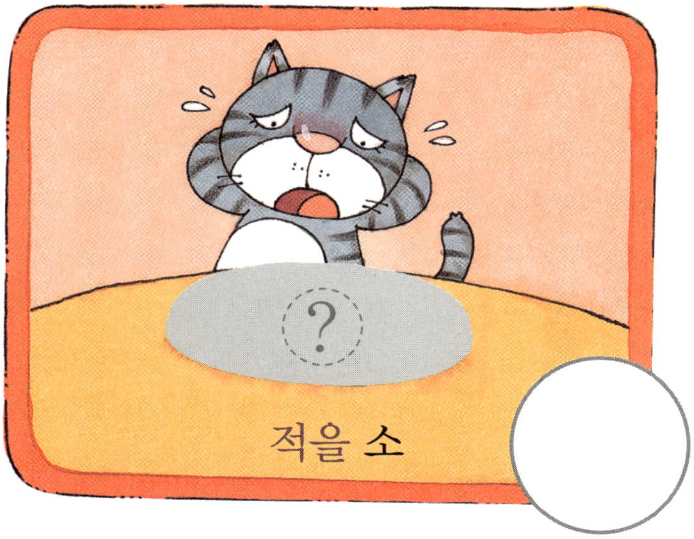

적을 소

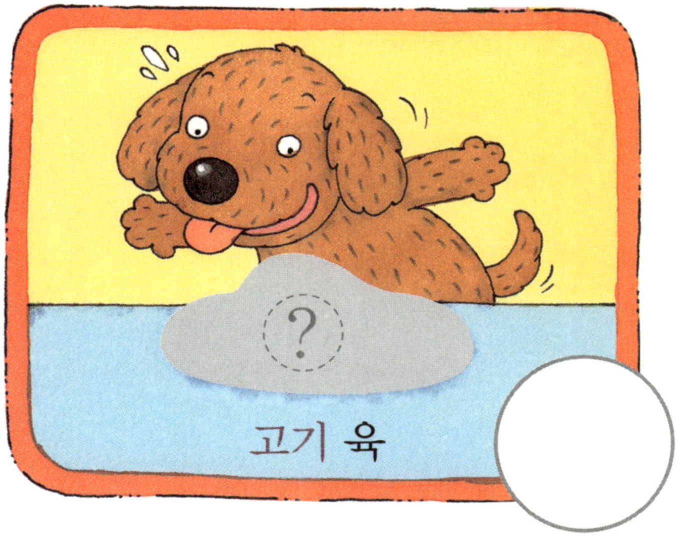

고기 육

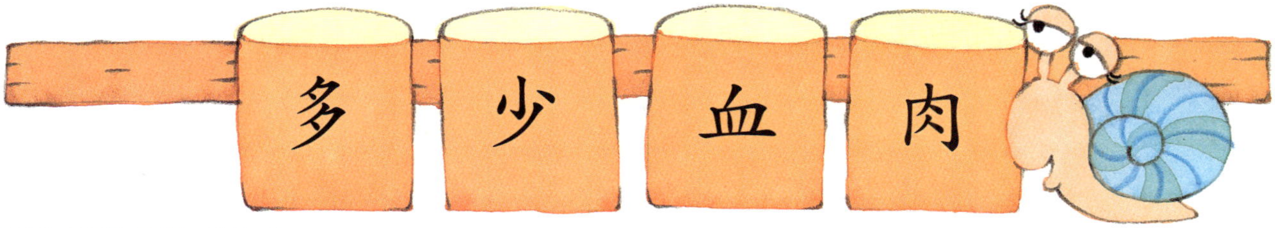

多 少 血 肉

• C1집 3호에서 익힌 한자를 복습합니다.

동물이 설명하고 있는 한자는 무엇일까요? 빈 칸에 쓰세요.

- 한자의 자원은 다른 견해도 있음에 유의합니다.

📝 빈 칸에 알맞은 한자를 쓰세요.

누렁이와 뭉치는 싸우지 않고
다 정
[ ] 정 하게 잘 지낸다.

"성냥 사세요! 성냥 사세요."
소 녀
성냥팔이 [ ] 녀 는 소리쳤어요!

남한의 엄마와 북한의 아들이 만나
혈 육
[ ] 육 의 정을 나눴다.

호랑이는 고기를 주로 먹는
육 식
[ ] 식 동물입니다.

肉　多　血　少

● 소녀, 혈육은 少女, 血肉으로 써 보도록 합니다.

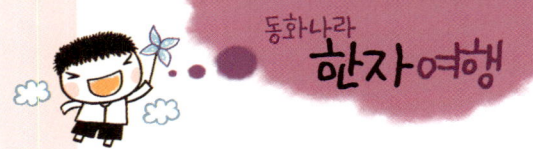

● 동화를 읽고 빈 칸에 알맞은 한자를 쓰세요.

호랑이 형님

옛날에 어느 나무꾼이 산에서 호랑이를 만났어요.

나무꾼은 너무나 무서웠지만 마침 좋은 꾀가 떠올랐어요.

"어이구, 형[　]님! 어찌하여 혈육[　][　]도 몰라보십니까?"

"아니, 내가 어째서 너의 형님이라는 말이냐?"

나무꾼은 눈물을 흘리며 말[　]을 하기 시작했어요.

"형님이 오래 전 산에 나무를 하러 간 뒤 돌아오지 않아 죽은 줄만 알았습니다.

그런데 얼마 전 어머니 꿈 속에 형님이 나타나서 '제가 호랑이가 되었기 化

때문에 집에 돌아갈 수 없어요.' 라고 말했답니다.

그 후로 어머니께서는 밤낮으로 형님을 생각하며 눈물을 흘리고 계십니다."

호랑이는 나무꾼의 말을 그대로 믿고 어머니를 생각하며 '흑흑' 울었어요.

文 化 言 才 兄 弟

그 후 호랑이는 날마다 나무꾼의 집에 짐승을 잡아다 주었어요.

나무꾼은 **고기**□를 팔아 부자가 되었고, **어머니**□를 정성껏 모셨어요.

몇 해가 지난 후 나무꾼의 어머니가 돌아가셨어요.

어느 날 나무꾼은 어머니의 무덤을 찾아갔어요.

그런데 무덤 옆에는 새끼 호랑이들이 슬피 울고 있었어요.

나무꾼이 그 이유를 묻자

"얼마 전에 우리 할머니가 돌아가셨는데, 그 소식을 듣고 **아버지**□가

너무 슬퍼하시다가 어제 돌아가셨어요."

호랑이의 효심에 감동한 나무꾼은 새끼 호랑이들을 부둥켜 안고 울었답니다.

父 母 多 少 血 肉

다지기

관계있는 것끼리 연결하고 빈 칸에 한자를 쓰세요.

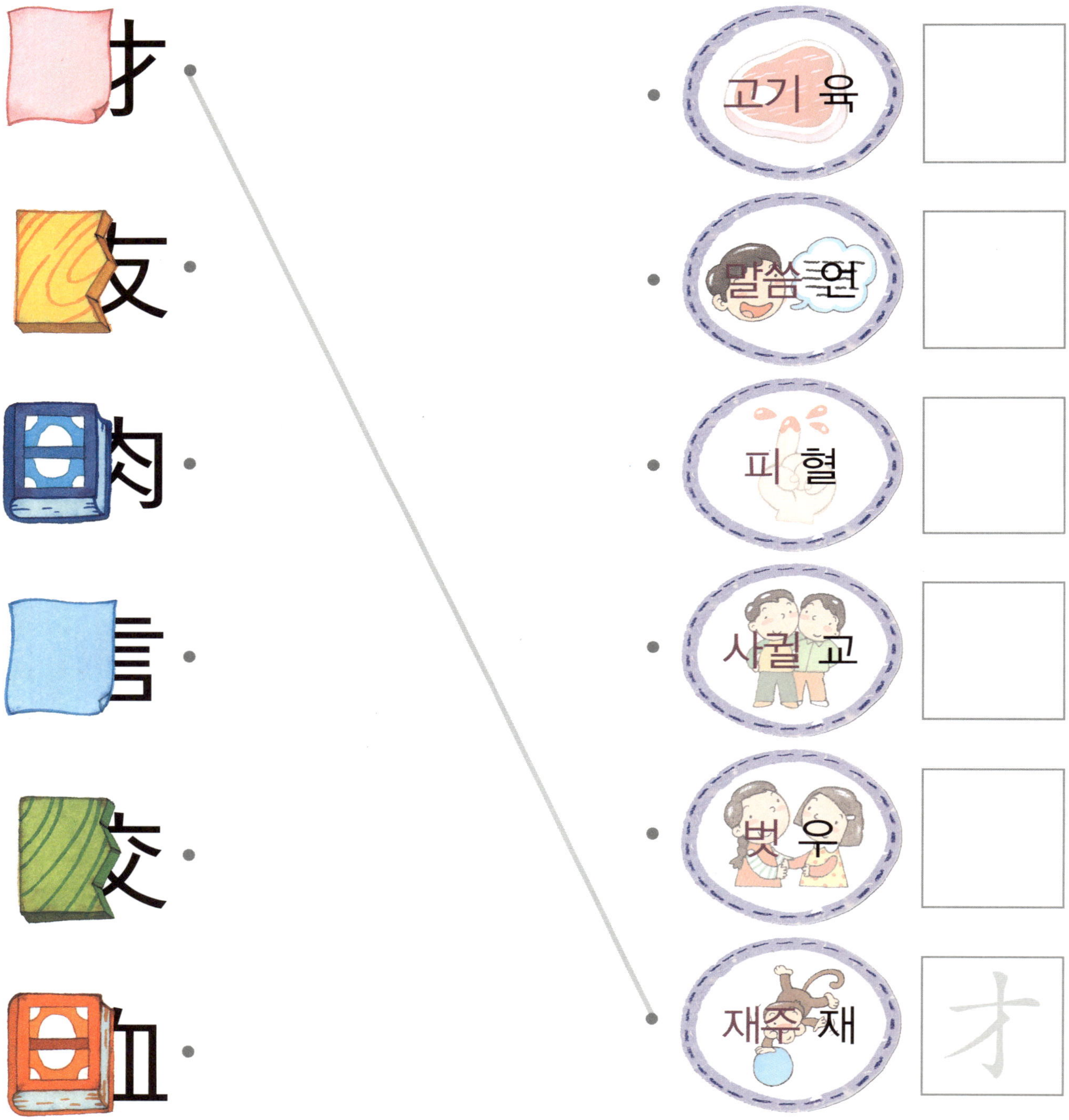

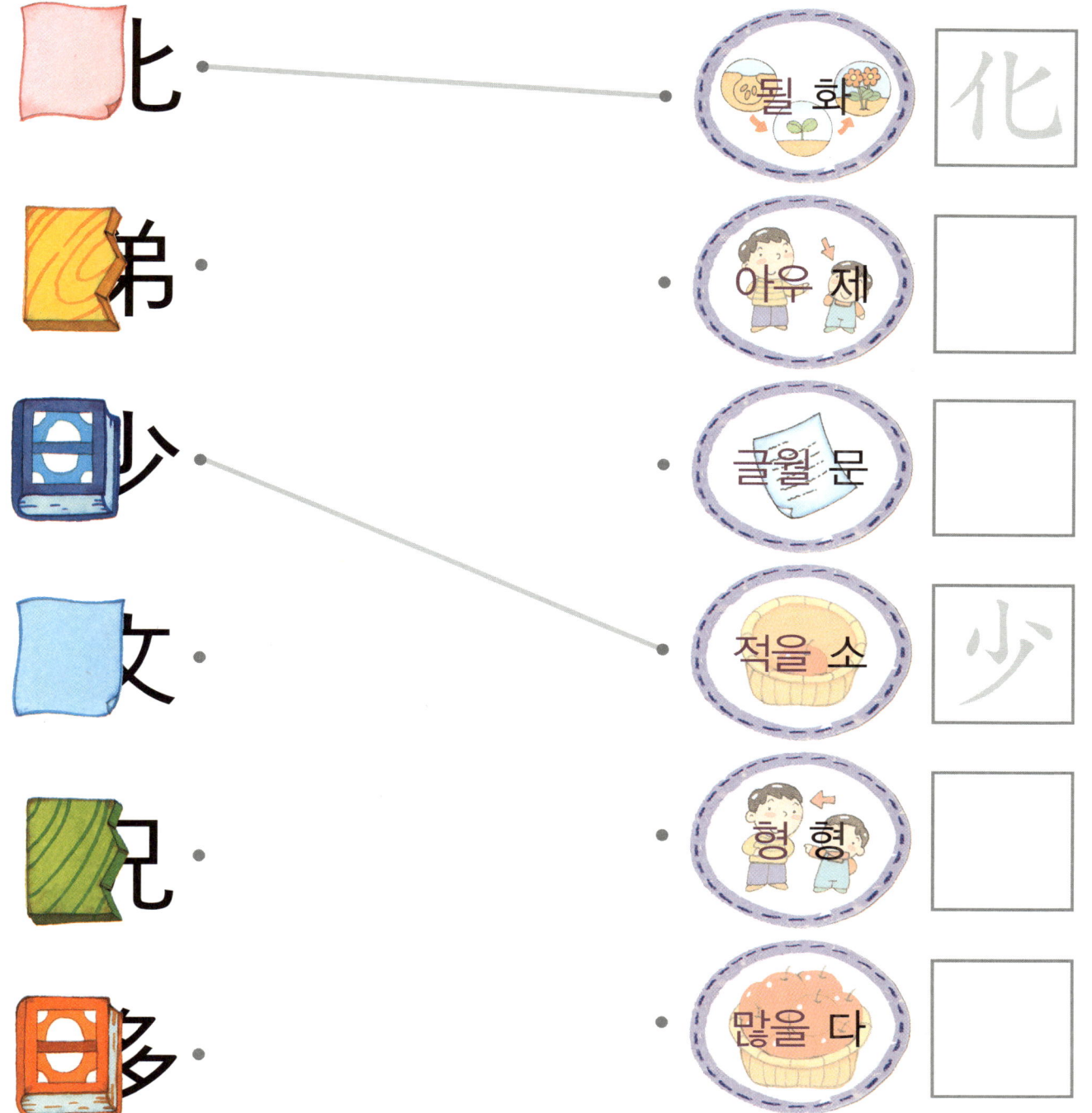

빈 칸에 알맞은 뜻과 소리를 쓰세요.

빈 칸에 뜻과 소리를 쓰고 필순에 맞게 한자를 쓰세요.

文 글월 문	文				
	、一ナ文				
化	化				
	ノ亻イ化				
言	言				
	、一十亠言言言				
才	才				
	一十才				

📝 빈 칸에 뜻과 소리를 쓰고 필순에 맞게 한자를 쓰세요.

兄	兄				
	ノ ㅁ ㅁ 尸 兄				
弟	弟				
	` ` ` ⺌ 늭 肖 弟 弟				
交 [사귈 교]	交				
	` 亠 ㅗ 六 亦 交				
友	友				
	一 ナ 方 友				

빈 칸에 뜻과 소리를 쓰고 필순에 맞게 한자를 쓰세요.

多	多				
	ノクタタ多多				
少 (적을 소)	少				
	ノ小小少				
血	血				
	ノ´ 凸 血 血				
肉	肉				
	1 冂 内 内 肉 肉				

얼마나 알고 있나요?

평가일	년 월 일	
소 요 시 간	시 분 ~ 시 분	
평 가 결 과	28~36문항	아주 잘 했어요. C2집 5호를 학습하세요.
	19~27문항	틀린 한자를 다시 익혀요.
	18문항 이하	C1집을 복습해요.

● 한자의 뜻과 소리를 쓰세요.

1. 兄 뜻: 소리:
2. 弟 뜻: 소리:
3. 交 뜻: 소리:
4. 友 뜻: 소리:
5. 文 뜻: 소리:
6. 化 뜻: 소리:
7. 言 뜻: 소리:
8. 才 뜻: 소리:
9. 多 뜻: 소리:
10. 少 뜻: 소리:
11. 血 뜻: 소리:
12. 肉 뜻: 소리:

● 선을 따라 잘라서 풀어 보세요.

● 빈 칸에 알맞은 한자를 쓰세요.

● 빈 칸에 알맞은 한자를 쓰세요.

25.  형 제 / 제

26.  문 인 / 인

27.  외 교 관 / 외 관

28.  전 우 / 전

29.  다 정 / 정

30.  소 녀 / 녀

31.  혈 육 / 육

32.  천 재 / 천

33.  제 자 / 자

34. 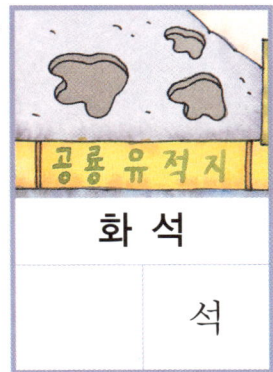 화 석 / 석

35.  언 어 / 어

36.  육 식 / 식

文 兄 多 少 弟 化 言 才 友 肉 交 血

해답

37b

38a

38b

39a

39b

40a

40b

41a

41b

C1-48a 기탄한자

기탄한자 C1집 부교재 한자 맞추기 놀이 1

조각1

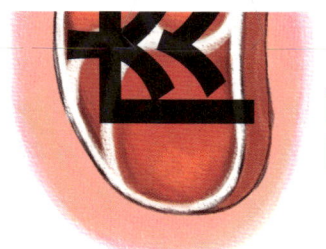
고기

사람

많을

재주

젖

조각2

아름다울

적을

빨

아름다울

피

형

우

● 조각1 과 조각2 를 맞추어 주사위를 만들어요. C1집 4호 간지에 실린 한자 맞추기 놀이 방법을 활용해서 아이와 함께 놀아 주세요.

기탄한자 C1집

기탄한자 C1집 부교재 **한자 맞추기 놀이 2**

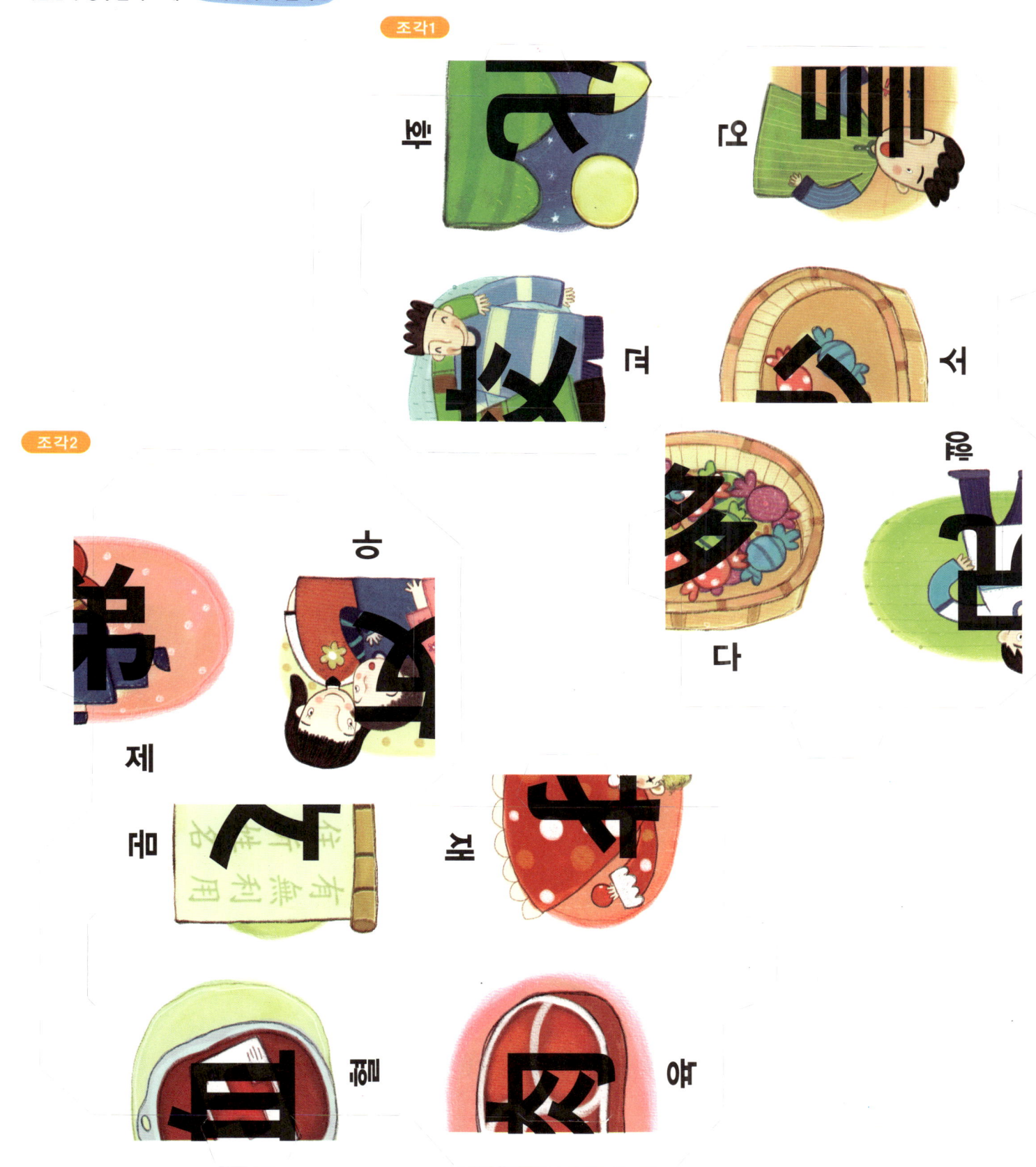

● **조각1** 과 **조각2** 를 맞추어 주사위를 만들어요. C1집 4호 간지에 실린 한자 맞추기 놀이 방법을 활용해서 아이와 함께 놀아 주세요.

기탄한자 C1집

37b

39a

40b

  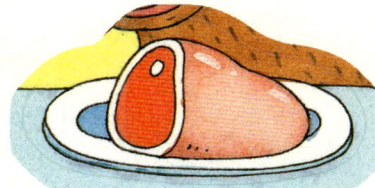

42a

42b

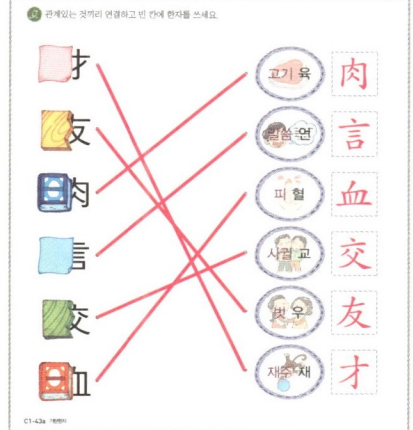
43a

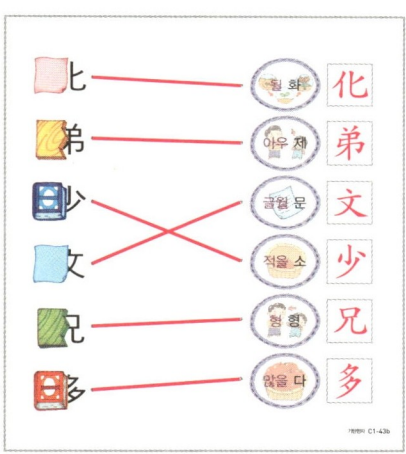
43b

44a

44b

46b

47a

47b

펴낸이 : 정지향
펴낸곳 : (주)기탄교육
기획·편집·디자인 : 기탄교육연구소
주소 : 06698 서울특별시 서초구 효령로 40 기탄출판센터
등록 : 제2000-000098호
전화 : (02) 586-1007
팩스 : (02) 586-2337

※서점에 갈 시간이 없거나 구하기 어려운 분은 인터넷 또는 전화로 신청하세요. 즉시 우송해 드립니다.
● www.gitan.co.kr

ⓒ (주)기탄교육 All rights reserved.
저작권자의 동의 없이 본 교재를 무단으로 복제하거나 전재하는 것을 금합니다.

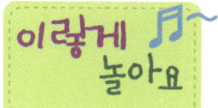

한자 맞추기 놀이

한자 맞추기 놀이는 두 개의 주사위를 만들어 한자의 모양과 뜻·소리를 복습하는 놀잇감입니다. 아이가 한자의 모양을 보고 맞추는 습관을 갖게 하고 어려워할 경우에는 그림 조각을 맞추어서 한자를 완성하도록 합니다. 형성자나 회의자를 학습할 때 더욱 유용하게 쓰일 수 있는 놀이 방법입니다.

● 듣고 맞추기

1. 4호의 부교재를 뜯어 두 개의 주사위를 만들어요.
2. 엄마가 '글월 문' 하고 뜻·소리를 말해요.
3. 아이가 두 개의 주사위를 맞추어서 '文'을 만들어요.

● 주사위 던지기

1. 4호의 부교재를 뜯어 두 개의 주사위를 만들어요.
2. 가위바위보를 해서 이긴 사람이 하나의 주사위를 던져요.
3. 진 사람은 떨어진 주사위의 윗면에 맞는 한자 조각을 찾아 맞춥니다.

• 제시된 놀이 방법 이외에도 재미있는 방법으로 익히도록 합니다.

기획·편집·디자인 기탄교육연구소
주소 06698 서울특별시 서초구 효령로 40 기탄출판센터 | **전화** (02) 586-1007 | **팩스** (02) 586-2337
ⓒ (주)기탄교육 All rights reserved. 본 교재의 저작에 관한 모든 권리는 (주)기탄교육에 있습니다. 저작권자의 동의 없이 본 교재를 무단으로 복제하거나 전재하는 것을 금합니다.